OBRAS INÉDITAS EN DOMINIO PÚBLICO Y PROPIEDAD INTELECTUAL

RAQUEL DE ROMÁN PÉREZ

OBRAS INÉDITAS EN DOMINIO PÚBLICO Y PROPIEDAD INTELECTUAL

GRANADA, 2023

BIBLIOTECA COMARES DE CIENCIA JURÍDICA

Proyecto PID2022-138736OB-I00 financiado por

Maquetación:
Sara García Abril

© Editorial Comares, 2023
Polígono Juncaril
C/ Baza, parcela 208
18220 Albolote (Granada)
Tlf.: 958 465 382
www.comares.com • E-mail: libreriacomares@comares.com
facebook.com/Comares • twitter.com/comareseditor • instagram.com/editorialcomares

ISBN: 978-84-1369-703-1 • Depósito legal: Gr. 1939/2023

Impresión y encuadernación: COMARES

Al excelente fotógrafo Samuel de Román

SUMARIO

OBRAS INÉDITAS EN DOMINIO PÚBLICO Y PROPIEDAD INTELECTUAL

I. IMPORTANCIA DEL ESTUDIO DEL DERECHO CONEXO DEL ART. **129, 1** DEL **TRLPI**

El artículo 129, 1 del Texto refundido de la Ley de propiedad intelectual [1] atribuye a la persona que divulgue una obra inédita en dominio público los mismos derechos de explotación que hubieran correspondido al autor. Se reconoce así a la persona que dé a conocer la obra al público un derecho afín o conexo al derecho de propiedad intelectual de los creadores. Este comprende las mismas facultades patrimoniales que el derecho de autor, aunque su titular no goza de prerrogativas morales y su duración es menor. Se trata de un precepto con un origen bastante antiguo que en el pasado apenas ha suscitado conflictos. Razón por la que no hay una jurisprudencia suficiente

---

[1] Exactamente se trata del Real Decreto Legislativo 1/1996, de 12 de abril, por el que se aprueba el texto refundido de la Ley de propiedad intelectual, regularizando, aclarando y armonizando las disposiciones legales vigentes sobre la materia (en adelante TRLPI). Regulación que se completa con los arts. 65 a 79 del Real Decreto-ley 24/2021, de 2 de noviembre, de transposición de determinadas directivas de la Unión europea, entre las que se encuentra la Directiva de 2019 sobre derechos de autor y derechos afines en el Mercado único digital.

que permita entender el significado de los elementos que configuran el supuesto de hecho. Sin embargo, en los últimos años se han producido algunos casos llamativos en los países de nuestro entorno que han puesto de manifiesto la complejidad de este precepto, que debería ser interpretado del mismo modo en toda la Unión europea después de la Directiva sobre armonización del plazo de protección del derecho de autor y determinados derechos afines.

Las cuestiones que plantea no han despertado demasiado interés hasta fechas recientes, pero su estudio resulta indispensable hoy por la importancia que el derecho conexo puede tener en algunos campos. En la actualidad el acceso a muchas de las obras en dominio público a través de los archivos o de otras formas resulta más sencillo que en el pasado y esto hace que aumente el interés de los investigadores y otras personas por su identificación y difusión. Lo que se refleja en un incremento en las ediciones de este tipo de obras o en un número mayor de actos de comunicación pública [2]. Por ejemplo, Eva Langer habla de miles de obras musicales en dominio público de las que se ocupa la entidad de gestión alemana

---

[2]   Continuamente se publican noticias sobre divulgación de obras inéditas valiosas para la sociedad. De ellas una de las más recientes se refiera los Archivos Británicos, que han digitalizado miles de documentos, entre los que se encuentra mucha correspondencia entre España y América, procedente de barcos españoles capturados en el siglo XVIII. Se habla de documentos incautados a 35.000 barcos y 160.000 cartas que nunca llegaron a su destino. Puede verse la noticia en SAN ROMÁN, Pablo, Archivos Británicos muestran miles de cartas entre España y América de barcos apresados en el siglo XVIII, 2023. Disponible en https://www.barrons.com/news/spanish/archivos-britanicos-muestran-miles-de-cartas-entre-espana-y-america-de-barcos-apresados-en-el-xviii-05f75e73. Ver también las notas n.º 33 y n.º 34 sobre la publicación de numerosos dibujos infantiles de niños y niñas españoles realizados durante la guerra civil, o la nota n.º 151 relativa a la divulgación de unos retratos al óleo pintados por Francisco de Goya.

Musikedition una vez que se han divulgado. Pero sobre todo hay que tener en cuenta que se está produciendo la digitalización a gran escala de los fondos de los archivos, museos, bibliotecas y otras instituciones de patrimonio cultural públicas y privadas que cuentan así mismo con miles de obras inéditas en dominio público [3]. De manera que puede hablarse de una gran relevancia potencial de este derecho conexo, lo que hace necesario aclarar el significado preciso de cada uno de sus elementos y su alcance.

Al principio se trataba de un derecho que se reconocía únicamente a los editores por la publicación de obras inéditas de autoría desconocida o en dominio público que eran susceptibles de edición en papel, como las creaciones literarias o las obras musicales, pues esta era la vía que permitía hacerlas accesibles al público con la tecnología del momento. En la actualidad, con internet y la tecnología digital la situación nada tiene que ver, por lo que la aplicación del precepto a los escenarios del presente plantea innumerables dudas de interpretación, que se han hecho patentes con los casos que se han presentado en fecha recientes ante los tribunales europeos, como ya se ha apuntado. Entre estas cuestiones hay que aclarar qué quiere decir que una obra en dominio público permanece inédita y sobre todo si dejó de estarlo por haberse comunicado al público en un momento pasado, como por ejemplo si una obra musical se hubiera estrenado en un teatro cayendo después en el olvido. Hay que determinar cuándo una obra está en dominio público y si, además de considerar aquellas respecto de las que han expirado los derechos, procede o no incluir dentro del ámbito objetivo del precepto las que son anteriores a la existencia de

---

[3]   Ofrece esta información LANGER, Eva, *Der Schutz nachgelassener Werke. Eine richtlinienkonforme und rechtsvergleichende Auslegung von § 71 UrhG*, V&R unipress, Göttingen, 2012, p. 47.

legislación sobre propiedad intelectual, como las obras milenarias. Hay que preguntarse también por cómo debe interpretarse el requisito de licitud de la divulgación que exige el precepto para el nacimiento del derecho, y si este supone o no que el propietario del ejemplar de la obra deba autorizar la publicación o la comunicación a través de la que se haga accesible al público por primera vez. Asimismo, conviene indagar sobre los criterios que determinan la titularidad del derecho conexo en relación con la multiplicidad de personas que pueden intervenir en el proceso que desemboca en la puesta a disposición de la obra al público, entre los que pueden encontrarse según los casos investigadores, personal de las instituciones de patrimonio cultural, artistas intérpretes o ejecutantes, editoriales, empresas culturales, etc. También entre las muchas dudas que plantea la aplicación del precepto hay que aclarar qué facultades forman parte del contenido del derecho conexo y cuál es su alcance.

Por otra parte, interesa abordar el estudio del derecho reconocido en el art. 129, 1 del TRLPI a las personas que divulgan obras inéditas en dominio público por el efecto de «monopolización» o «remonopolización» que el ejercicio de este produce sobre unas creaciones en principio disponibles, ya que las obras a las que se refiere dejan de poder usarse libremente; siendo necesaria, a partir de la publicación o comunicación pública, por primera vez, la autorización del titular para su utilización, mediando contraprestación económica en su caso. Es decir, estas obras que podían usarse sin restricciones por pertenecer al dominio público dejan de estar disponibles para la sociedad por un periodo de 25 años a partir del momento en el que se divulgan. Lo que no parece coherente con los fines de interés general que se tratan de alcanzar con el dominio público, que además se comparten por las políticas sobre acceso abierto impulsadas por la Unión europea desde hace años. Se dice tanto del uno como de las otras que favorecen el acceso a la cultura, al conocimiento y a la ciencia por parte de la ciudadanía, que contribuyen al desarrollo económico y a la resolución de los grandes retos de nuestras sociedades en favor del desarrollo sostenible, entre otras cosas [4]. Beneficios estos y otros que las obras inéditas que salen del dominio público como consecuencia de su divulgación dejan de aportar. Teniendo en cuenta esta circunstancia, y la forma de acceso a las obras en el momento actual gracias a internet y a la tecnología digital, procede evaluar algunas interpretaciones restrictivas del derecho formuladas por algunos autores y plantear nuevas propuestas de regulación.

II. Antecedentes legislativos y fundamento

Conforme a la regulación vigente «toda persona que divulgue lícitamente una obra inédita que esté en dominio público tendrá sobre ella los mismos derechos de explotación que hubieran correspondido a su autor» (art. 129, 1 TRLPI). «Los derechos reconocidos (…) durarán veinticinco años, computados desde el día 1 de enero del año siguiente al de la divulgación lícita de la obra» (art. 130, 1 TRLPI). La redacción de este precepto procede del art. 5 de la Ley 27/1995, de 11 de octubre, de incorporación al Derecho español de la Directiva 93/98/CEE del Consejo, de 29 de octubre de 1993, relativa a la armonización del

---

[4]   Para una comprensión de las políticas de acceso abierto, con amplitud, consultar Bernault, Carine, *Open access et droit d'auteur,* Larcier, Bruselas, 2016. Sobre sus principios e implementación en nuestro país ver De Román Pérez, Raquel, Propiedad intelectual y acceso abierto a artículos científicos, *Propiedad intelectual en el siglo XXI: nuevos continentes y su incidencia en el derecho de autor,* (Coord. I. Espín Alba), Reus, Madrid, 2014, pp. 103 a 116.

plazo de protección del derecho de autor y de determinados derechos afines [5].

Antes, el art. 119, 1 de la Ley, de 11 de noviembre
de 1987, de propiedad intelectual, que es el precedente
inmediato, influido por su homólogo alemán [6], decía: «Los
editores de obras inéditas que estén en el dominio público
tendrán sobre ellas los mismos derechos de explotación
que hubieran correspondido a sus autores». Previamente,
como pone de manifiesto Guillermo Orozco Pardo, ya
había normas bastante antiguas que recogían un derecho
semejante en nuestro país. De ellas la más próxima es la
Ley [7], de 10 de enero de 1879, de propiedad intelectual,

---

[5]   Tras una profunda modificación, la Directiva de 1993 se de-
roga por la Directiva 2006/116/CE relativa a la armonización del plazo
de protección del derecho de autor y de determinados derechos afines
(versión consolidada). En esta se mantiene el art. 4 con idéntica redacción, siendo el que se ocupa de la «protección de obras no publicadas
previamente».

[6]   COCA PAYERAS, Miguel y MUNAR BERNAT, Pedro A., «Comentarios al art. 119», *Comentarios a la Ley de propiedad intelectual*, (Coord.
R. Bercovitz), Tecnos, Madrid, 1989, p. 1610, ponen de manifiesto la
influencia del § 71 de la Ley de Derecho de autor y derechos conexos
alemana de 1965 (UrhG) tanto en la redacción del precepto como en su
ubicación sistemática. Según la traducción recogida por estos autores,
bajo el título «Publicación de obras póstumas» el contenido del precepto
era el siguiente: «cualquier persona que hiciere que una obra que no haya
sido previamente publicada sea publicada dentro del ámbito territorial
de aplicación de la presente Ley después de la expiración del derecho de
autor, tendrá el derecho exclusivo de reproducir y distribuir la obra y de
usar copias o ejemplares de la misma para su comunicación al público».
Ver también en GÖTTING, Horst-Peter/LAUBER-RÖNSBERG, Anne, *Der
Schutz nachgelassener Werke. Unter besonderer Berücksichtigung der Verwertung von Handschriften durch Bibliotheken*, Nomos, Baden-Baden, 2006,
p. 17 y en LANGER, Eva, *op. cit.*, p. 40.

[7]   En este sentido, se refiere con cierto detalle a la Real Orden de
14 de junio de 1778, a la Ley de 22 de julio de 1823, al Decreto de 4 de
enero de 1834 y a la Ley de 10 de junio de 1847. Ver en OROZCO PARDO,
Guillermo, «Comentario al artículo 119», *Comentarios al Código civil y*

que en el artículo 2, 4 confería un derecho a los editores de obras inéditas que no tuvieran dueño conocido o a los de obras de autor conocido que siendo inéditas estuvieran en el dominio público [8].

En relación con este precepto, decía Guillermo Orozco Pardo que «el fundamento de este derecho no está en una reminiscencia de los antiguos privilegios, sino en el hecho de que se trata de obras inéditas, es decir, no publicadas, que han entrado en el dominio público siendo susceptibles de publicación por terceros, sobre las cuales no existe un derecho patrimonial precedente y cuya publicación interesa a patrimonio cultural de la comunidad, tarea que emprende el editor sufragando los costes de la edición, lo cual supone un riesgo económico por su parte. Por lo tanto, no solo se trata de proteger una inversión económica, sino de fomentar la labor de divulgación de obras inéditas que enriquecen el patrimonio cultural de la comunidad evitando así que las obras continúen su "sueño en el olvido"»[9]. Del mismo modo en otra parte explicaba que «los fines de la Ley no se circunscriben a la protección de los autores y otros sujetos conectados a ellos, sino que también debe proteger otros valores esenciales: las obras en cuanto bienes de la cultura, la conservación, acrecentamiento y difusión de tales bienes para que sean objeto de una lícita "fruición colectiva"»[10].

Compilaciones forales, (Dir. M. Albaladejo y S. Díaz Alabart), tomo V, Vol. 4 B, Edersa, Madrid, 1995, pp. 545 y 547.

[8]   Exactamente el precepto decía «La propiedad intelectual corresponde (...) a los editores de obras inéditas que no tengan dueño conocido, o de cualesquiera otras también inéditas de autores conocidos que hayan llegado a ser de dominio público».

[9]   OROZCO PARDO, Guillermo, *op. cit.*, p. 545.

[10]   *Ibidem*, p. 559.

Por otro lado Rodrigo Bercovitz Rodríguez-Cano entendía que «se trata de incentivar el conocimiento, por parte del público, de obras, que, de lo contrario, permanecerían probablemente fuera del mercado, sin acceso al público. Se fomenta pues la recuperación para la sociedad de obras con cierto valor cultural»[11].

Estos autores, al analizar la justificación del precedente inmediato de la norma en estudio, acertadamente dirigen la atención hacia el patrimonio cultural y al derecho de acceso de la ciudadanía a las obras que forman parte de él. Ciertamente, el fin inmediato puede ser crear un incentivo para que quienes tienen los medios para sacar las obras a la luz y ponerlas a disposición del público lo hagan, pero sin duda el fin último es conseguir el acceso a las obras para la ciudadanía y evitar que las creaciones inéditas permanezcan ocultas a riesgo incluso de desaparecer. En mi opinión se trata de consolidar el patrimonio cultural y evitar que obras que aún se desconocen permanezcan inaccesibles e incluso que se destruyan y se pierdan definitivamente para la ciudadanía, como puede suceder, por ejemplo, con numerosos manuscritos literarios o musicales de autores contemporáneos que han pasado a los herederos con su fallecimiento y de los que solo existe un ejemplar. Este propósito puede apreciarse claramente en otras de nuestras normas y en el Derecho comparado.

En tal sentido ya se ha mencionado que el art. 2, 4 de la Ley de propiedad intelectual de 1879 concedía un derecho a los editores de obras inéditas no solo cuando estuvieran en dominio público, sino también en otro caso en que difícilmente se sacarían a la luz sin este incentivo, como es que no tuvieran dueño conocido. Por su parte el

---

[11]   BERCOVITZ RODRÍGUEZ-CANO, Rodrigo, «Comentario al art. 129», *Comentarios a la Ley de propiedad intelectual*, (Coord. R. Bercovitz), Tecnos, Madrid, 2007, p. 1627.

art. 6 del Reglamento de la Ley de 1879 (aún vigente en lo que no contradiga el TRLPI), desarrollando el art. 2, 4, decía que se consideraría editor de obras inéditas «a todo el que publique las que estén manuscritas y no han visto la luz pública, ya vayan acompañadas de discursos, preliminares, notas, apéndices, vocabularios, glosarios y otras ilustraciones o ya se publique sólo el texto manuscrito». El Reglamento al hablar de «manuscritos» reflejaba la importancia de la edición para preservar las obras, teniendo en cuenta que en su época de aprobación (año 1880) aparte de la imprenta no había otras técnicas que permitieran obtener copias fácilmente. De modo que los editores con la publicación de un manuscrito no solo garantizaban el acceso a las obras, sino que evitaban una posible pérdida para el patrimonio cultural, entendiendo que la probabilidad de que se perdiera la obra porque el único ejemplar se destruyera o se extraviara era más alta que habiendo copias.

Esta preocupación por incentivar a quienes tuvieran la posibilidad de sacar las obras inéditas a la luz para conseguir su disponibilidad pública, también se hacía patente en las antiguas Leyes de derechos de autor en Francia, Alemania o Italia con preceptos dirigidos a lograr que se dieran a conocer cuanto antes. En Francia los herederos conseguían alargar el plazo de los derechos de explotación si publicaban las obras inéditas antes de que entraran en el dominio público, mientras que si ya se habían extinguido se reconocía un derecho nuevo al propietario que procurara la publicación [12]. En Alemania los herederos también podían beneficiarse de un plazo mayor de duración de sus derechos si publicaban la obra tras el fallecimiento del autor

---

[12]   De este modo el art. 23 de la Loi n.º 57-298 du 11 mars 1957 sur la propriété littéraire et artistique. Ver en LUCAS, André et LUCAS, J. H., *Traité de la propriété littéraire et artistique*, Litec, Paris, 1995, pp. 366 a 369.

o autora antes de su entrada en dominio público, y después de esa fecha el beneficiario pasaba a ser quien efectuara la publicación [13]. En Italia la duración de los derechos de explotación también se podía alargar si las obras inéditas se publicaban en los primeros veinte años tras el fallecimiento del autor o autora, aunque no existía un derecho conexo para cuando ya hubieran entrado en dominio público, por lo que a partir de ese momento cualquiera podía divulgar las obras sin que surgiera un derecho nuevo por ello [14].

En definitiva, todas estas normas trataban de alentar a la publicación de las obras inéditas a quienes estuvieran mejor posicionados para ello cuando ya no estuvieran los autores o autoras, con el fin de ponerlas a disposición del público y evitar su pérdida. De esta manera quedaban protegidos los intereses generales de acceso a la cultura y a la preservación del patrimonio cultural, a los que se refieren los arts. 44 y 46 de nuestra norma fundamental [15]. En la

---

[13] Esto era así con la Ley de derechos de autor de obras literarias y musicales de 19 de junio de 1901 (LUG) hasta su reforma por la Ley de 1965. Ver en GÖTTING, Horst-Peter/LAUBER-RÖNSBERG, Anne, *op. cit.*, p. 17 y LANGER, Eva, *op. cit.*, pp. 37 y 38.

[14] Se regulaba en el art. 31 de la Legge 22 aprile 1941, n. 633, sulla protezione del diritto d'autore e di altri diritti connessi al suo esercizio, hasta que se reformó por el Decreto Legislativo 154/1997, por el que se hace la transposición de la Directiva comunitaria 93/98/CE relativa a la armonización del plazo de protección de los derechos de autor y derechos conexos. Ver sobre esto D'AMMASSA, Giovani, *Opere pubblicate per la prima volta successivamente alla estinzione dei diritti* (art. 85-ter), Diritto d'autore, 2014. Disponible en https://www.dirittodautore.it/la-guida-al-diritto-dautore/i-diritti-connessi/opere-pubblicate-per-la-prima-volta-successivamente-alla-estinzione-dei-diritti/.

[15] Según el art. 44 de la Constitución española «1. Los poderes públicos promoverán y tutelarán el acceso a la cultura, a la que todos tienen derecho. 2. Los poderes públicos promoverán la ciencia y la investigación científica y técnica en beneficio del interés general». Por su parte el art. 46 establece que «los poderes públicos garantizarán la conservación y promoverán el enriquecimiento del patrimonio histórico, cultural y ar-

actualidad sin duda la finalidad del art. 129, 1 del TRLPI es la misma, pues solo los intereses generales mencionados pueden justificar que se aparten del dominio público, aunque sea de forma temporal, las obras inéditas a través del reconocimiento de un derecho de exclusiva. De modo que en la interpretación que se haga del precepto deberán tenerse en cuenta los intereses generales reconocidos en los arts. 44 y 46 de la Constitución [16].

III.   La Directiva europea relativa al plazo de protección del derecho de autor y determinados derechos afines

Como se ha visto, en nuestro país se reconocía un derecho para los editores de obras inéditas en dominio público de forma muy temprana y lo mismo sucedía en otros estados de la Unión europea como Alemania o Francia, aunque tenían un régimen diferente, mientras que existían otros como Italia en los que no se contemplaba esta prerrogativa. Partiendo de esta realidad, cuando la Unión europea se plantea armonizar los plazos de protección para los derechos de los autores y para el resto de los derechos de propiedad intelectual opta por dar una regulación homogénea al que nace con la publicación o comunicación pública de obras inéditas en dominio público. Lo hace a

---

tístico de los pueblos de España y de los bienes que lo integran, cualquiera que sea su régimen jurídico y su titularidad. La ley penal sancionará los atentados contra este patrimonio».

[16]   Sobre el juego de los arts. 44 y 46 de la Constitución española en relación con la propiedad intelectual y el patrimonio cultural, ver Anguita Villanueva, Luis Antonio, El tráfico de Bienes culturales sometidos a la normativa de propiedad intelectual: el arte contemporáneo y el patrimonio cultural. Un análisis de las controversias y de las posibles soluciones entre los titulares de derechos sobre los mismos. *Arte, Derecho y Comercio internacional*, (Dir. A. Ortega Giménez), Aranzadi, Pamplona, 2022, pp. 56 y 57.

través de la Directiva 93/98/CEE del Consejo, de 29 de octubre, relativa a la armonización del plazo de protección del derecho de autor y de determinados derechos afines, que establece en el art. 4, bajo el título «protección de obras no publicadas previamente» lo siguiente: «Toda persona que, después de haber expirado la protección de los derechos de autor, publique lícitamente o comunique lícitamente al público por primera vez una obra que no haya sido publicada previamente, gozará de una protección equivalente a la de los derechos económicos del autor. El plazo de protección de dichos derechos será de veinticinco años a partir del momento en que la obra haya sido publicada lícitamente o comunicada lícitamente».

Con esta disposición la Directiva sigue la regulación de la Ley de derechos de autor alemana y se aparta de otras normas como la francesa [17]. En cuanto a esta última, cuando se efectuó la transposición, el Código de propiedad intelectual apartándose del art. 4 mantuvo algunos elementos de su regulación anterior, como es reconocer el derecho al propietario del ejemplar [18]. En España también el art. 129, 1 de la Ley de propiedad intelectual después de la transposición [19] sigue refiriéndose a obras inéditas y no a las que no hayan sido publicadas previamente como dice la Directiva. Con lo que surge la pregunta de si cabe que los Estados miembros mantengan las especialidades de sus leyes en relación con este derecho, y si para nuestro país se

---

[17]   D'AMMASSA, GIOVANNI/ VEZZOSO, Simonetta, *Il caso «Motezuma» tra editio princeps e pubblico dominio*, DANTe, 2005, p. 237.

[18]   LUCAS, André et LUCAS, J. H., *op. cit.* p. 366 y en la edición de 2006 de la misma obra, p. 406, señalan que el legislador francés no ha hecho una trasposición completa de la Directiva, con un resultado que puede plantear dificultades inextricables.

[19]   La Directiva 93/98/CEE fue incorporada al Derecho español por la Ley 27/1995, de 11 de octubre.

permite una interpretación del art. 129, 1 del TRLPI que difiera de lo previsto en el art. 4 de la Directiva.

En relación con tal pregunta el Considerando 20 de la norma europea decía que «los Estados miembros deben conservar la facultad de mantener o introducir derechos afines al derecho de autor no incluidos en la presente Directiva, en particular en relación con la protección de obras críticas y científicas; que, no obstante, para garantizar la transparencia a nivel comunitario, es necesario que los Estados miembros que introduzcan nuevos derechos afines lo notifiquen a la Comisión». Esta regla se mantuvo cuando se aprobó la versión consolidada de la norma europea, pasando a integrarse en el art. 11 de la Directiva 2006/116/CE del Parlamento europeo y del Consejo, de 12 de diciembre, relativa al plazo de protección del derecho de autor y de determinados derechos afines.

Sobre la misma, la doctrina ha dicho que se refiere a los derechos afines que no estén previstos en la Directiva y por lo tanto no se aplica en relación con el derecho conexo del artículo 4 que sí está comprendido en ella. De modo que el antiguo considerando 20 de la Directiva de 1993, actual art. 11 de la Directiva de 2006, no ampara el mantenimiento de especialidades nacionales en la regulación del derecho que nace de la divulgación de obras inéditas en dominio público. Por el contrario, el objetivo del art. 4 de la Directiva es armonizar la materia, por lo que necesariamente las normas nacionales deben interpretarse de acuerdo con este precepto [20].

---

[20]   Así lo entiende también LANGER, Eva, *op. cit.*, p. 89.

IV. OBRAS INÉDITAS EN DOMINIO PÚBLICO

1. Significado del dominio público

El objeto sobre el que recaen los derechos que reconoce el art. 129, 1 del TRLPI es la «obra inédita que esté en dominio público». El concepto de dominio público no se define en la Ley ni tampoco en las Directivas de la Unión europea, lo mismo que sucede en países como Alemania o Francia. En nuestro caso sus características esenciales se extraen del art. 41 del TRLPI que regula las condiciones para la utilización de las obras que han entrado en él. Antes de señalar cuáles son estas establece que «la extinción de los derechos de explotación de las obras determinará su paso al dominio público», de modo que tienen la consideración de obras en dominio público aquellas respecto de las que ya no existen derechos de explotación, en principio por haber vencido el plazo que la ley establece para ellos. En la Unión europea como regla general este plazo es el de la vida del autor o autora y 70 años desde su muerte o declaración de fallecimiento (art. 1 Directiva y art. 26 TRLPI) [21].

Dichas creaciones siguiendo con lo que prescribe el art. 41 del TRLPI «podrán ser utilizadas por cualquiera, siempre que se respete la autoría y la integridad de la obra, en los términos previstos en los apartados 3.º y 4.º del artículo 14». De forma que las obras cuyos derechos de explotación han expirado pueden utilizarse libremente con fines comerciales o no comerciales siendo su uso

---

[21]   En nuestro país se aplica una regla especial para los autores y autoras fallecidos entre 1907 y 1987, cuyos derechos duran 80 años post mortem. Así se contempla en la disposición transitoria 4 del TRLPI, que dice: «Los derechos de explotación de las obras creadas por autores fallecidos antes del 7 de diciembre de 1987 tendrán la duración prevista en la Ley de 10 de enero de 1879 sobre propiedad intelectual».

gratuito. Los derechos morales de paternidad e integridad a los que remite el precepto tienen un sentido diferente al que corresponde cuando los autores están vivos. Estas facultades mientras el autor vive van orientadas lógicamente a la satisfacción de sus intereses personales, sin embargo, una vez que la obra entra en dominio público con ellas se trata de garantizar el acceso a la cultura a la ciudadanía y consecuentemente de salvaguardar el acervo cultural de comportamientos dañinos. Esto significa que debe figurar en la obra el nombre de quien sea el autor o en su caso habrá que aportar otra información que permita identificar esta adecuadamente. En cuanto a la integridad, afectan a los intereses de la ciudadanía todas las alteraciones, modificaciones o actuaciones sobre la obra que supongan una pérdida para el acervo cultural (destrucción del original, p. e.) y las que produzcan confusión en el público [22]. Para perseguir las infracciones contra la autoría e integridad de la obra están legitimadas sin límite de tiempo determinadas personas y entidades (arts. 15 y 16 TRLPI) [23].

Dicho lo cual, se observa que el precepto alemán que ha inspirado el art. 4 de la Directiva se refiere no solo a las obras respecto de las que han expirado los derechos de explotación, sino que tiene en cuenta también las anteriores a la existencia de regulación sobre propiedad intelectual. En efecto, el § 71 UrhG, tras reconocer un derecho exclusivo

---

[22]   Para un desarrollo de estas cuestiones ver DE ROMÁN PÉREZ, Raquel, *Comparación entre el sistema del dominio público y el modelo del Proyecto de Disposiciones para la Protección de las Expresiones Culturales Tradicionales/ Expresiones del Folclore de la OMPI*, RIDA, n.º 212, 2007. También de la misma autora, *El folclore como objeto de propiedad intelectual: derechos de los autores y derechos conexos*, Actas de derecho industrial y derecho de autor, n.º 32, 2011-2012, pp. 463 a 480.

[23]   Ver sobre los sujetos legitimados el apartado IV. 4. de este trabajo.

a cualquiera que publique legalmente por primera vez una obra que no haya sido publicada después de extinguirse los derechos, o que la comunique al público por primera vez, dice que lo mismo se aplica a las obras inéditas que nunca fueron protegidas en el ámbito de su ley cuyo autor haya muerto hace más de setenta años [24]. Ante un precepto como este hay que preguntarse si a efectos del art. 129, 1 del TRLPI deben considerarse obras en dominio público, además de aquellas sometidas al régimen de propiedad intelectual vigente una vez que expiran los derechos, las que sean anteriores a la existencia misma de esta legislación.

En relación con esta cuestión cabe observar que, igual que sucede con el TRLPI, en la legislación francesa tampoco se hace mención expresa a las obras anteriores a la existencia misma de las leyes, y sin embargo su doctrina y jurisprudencia consideran que forman parte del dominio público [25]. Así, a pesar de las dudas que con anterioridad se suscitaban entre la doctrina, a partir de la sentencia de 15 de abril de 1964, del Tribunal de Gran instancia de París, en relación con la obra de «Los miserables» de Víctor Hugo, anterior a la Ley que se invocaba, se entiende que este tipo de obras forman parte del dominio público. Mas tarde se da por supuesto en casos como el que más adelante se comentará sobre las pinturas rupestres de la Cueva de Chauvet.

En nuestro país entiendo que la interpretación debe ser la misma atendiendo a la disposición transitoria 6.ª del TRLPI (antigua transitoria 4.ª de la Ley de 1987). Esta determina que «lo dispuesto en los artículos 14 a 16 de esta Ley será de aplicación a los autores de las obras

---

[24]   Ver el precepto según la versión inglesa dada por la OMPI en la nota n.º 63.

[25]   D'ORMESSON-KERSAINT, Blanche, *La protection des oeuvres du domaine public*, RIDA, n.º 116, 1983, pp. 137 a 139.

creadas antes de la entrada en vigor de la Ley 22/1987, de 11 de noviembre, de Propiedad Intelectual», siendo tales preceptos los que reconocen los derechos morales de paternidad e integridad, para cuyo ejercicio están legitimadas determinadas personas sin límite de tiempo. En consecuencia, hay que entender que las obras anteriores a las leyes de propiedad intelectual forman parte del conjunto de creaciones a las que se aplica el régimen del dominio público. De manera que el objeto sobre el que recae el derecho conexo reconocido en el art. 129, 1 del TRLPI son las obras creadas durante la vigencia de esta Ley o de otras anteriores una vez extinguidos los derechos de explotación, y así mismo las obras preexistentes en relación con dicha legislación.

Para las últimas, aunque no se conozca la autoría o la fecha del fallecimiento de los creadores, el tiempo que habrá transcurrido desde su muerte necesariamente va a ser superior al periodo actual de protección de 70 años post morten. Así pues, el concepto de dominio público para la legislación de propiedad intelectual incluye obras que pueden ser muy antiguas e incluso remotas. Algo que en mi opinión resulta positivo en tanto el régimen que se establece va orientado a lograr que la utilización de las obras sea respetuosa con la autoría e integridad. Se trata de una protección que se suma a la que puedan recibir por otros medios como es a través de la legislación sobre patrimonio histórico. En definitiva, es una vía más de salvaguarda del patrimonio cultural, razón por la que no comparto el punto de vista de la autora alemana Eva Langer que propone una interpretación que deje fuera del ámbito objetivo de aplicación del derecho conexo del §71 UrhG las obras anteriores a la existencia de legislación sobre derechos de autor [26].

---

[26]   LANGER, Eva, *op. cit.*, p. 160.

Expuestos así los elementos configuradores del concepto de dominio público para las leyes de propiedad intelectual, y su contenido a efectos del art. 129, 1 del TRLPI, antes de poner de relieve su importancia conviene mencionar que su significado no coincide con el que tiene en el ámbito del derecho público [27] como puede verse en el siguiente apartado, y que no coincide tampoco con el sentido que otras veces se le otorga refiriéndose a los datos, principios, hechos, ideas, etc., cuyo uso es libre [28].

En otro orden de cosas, procede destacar la importancia que las obras en dominio público tienen para la ciudadanía, para que se pueda reflexionar después sobre la posible interferencia del derecho conexo con sus beneficios. Para ello resulta de sumo interés el estudio de Derecho comparado que realizó Severine Dusollier para la Organización Mundial de la Propiedad Intelectual (OMPI) en 2011 [29]. Explica esta autora que el dominio público cumple una importante función de potenciación de nuevos usos creativos y participa en el carácter acumulativo de toda creación artística, puesto que, junto con otras realidades como son las ideas, principios, hechos, etc., la

[27]   Ventura Ventura, José Manuel, «Comentario al artículo 41», *Comentarios a la Ley de Propiedad intelectual,* (Coord. J. M. Rodríguez Tapia), Civitas, Pamplona, 2009, pp. 395 y 396.

[28]   Sobre el concepto de dominio público, Navas Navarro, Susana, *Obras de dominio público, digitalización y preservación digital,* Reus, Madrid, 2021, pp. 15 a 24.

[29]   Dentro del proyecto temático «Propiedad intelectual y el dominio público» del Comité de desarrollo y propiedad intelectual (CDPI), la OMPI publicó, en 2011, el trabajo de Dusollier, Severine, «Estudio exploratorio sobre el derecho de autor y los derechos conexos y el dominio público» (CDPI/7/INF/2). En dicha obra se hace un análisis comparado de las legislaciones nacionales en las que el dominio público está reglamentado de forma directa o indirecta, y además son examinadas las iniciativas y herramientas que afectan al acceso, uso, identificación y ubicación del material en dominio público.

libre utilización de las obras permite la creación de nuevos trabajos a partir de elementos preexistentes. También habla de su papel para favorecer el acceso a la cultura a la ciudadanía. Viene a decir que la utilización de las obras una vez que se extinguen los derechos de explotación está abierta a todo el mundo de manera gratuita o por muy poco dinero y que por eso incluso los usos para el consumo redundan en el beneficio de la sociedad al proporcionar conocimientos, cultura y educación. Asimismo, habla de su interés económico, ya que a partir de las obras sin protección pueden desarrollarse y se están desarrollando modelos de negocio con menos costes. Por otra parte, pone de relieve su valor para el desarrollo humano dado que permite a los países potenciar la creación, la educación y la innovación facilitando el acceso a la información, al conocimiento y a la cultura. Lo mismo recoge su valor como un elemento central del patrimonio cultural de la humanidad, tal y como lo lleva haciendo durante décadas la UNESCO [30].

2. Creaciones originales literarias, artísticas o científicas

El art. 129, 1 del TRLPI, igual que sus antecedentes, reconoce derechos de explotación únicamente cuando se divulgan «obras» en dominio público y no otro tipo de realidades o prestaciones. Lo que plantea por un lado la necesidad de acotar exactamente sobre qué creaciones recae el derecho conexo, y por otro en el supuesto de una creación anterior a la vigente Ley de propiedad intelectual hace falta concretar cuáles son los requisitos que deben tenerse en cuenta para determinar que efectivamente reúne las condiciones que la convierten en una obra. Obsérvese que los requisitos exigidos a las obras en Leyes, como la

---

[30] DUSOLLIER, Severine, *op. cit.*, pp. 12 a 14.

de 10 de enero de 1879 de propiedad intelectual, podían interpretarse de manera diferente a la actual o bien protegerse como obras algunas creaciones hoy excluidas[31]. Y antes de la existencia de las leyes de propiedad intelectual, socialmente podían no valorase de forma suficiente algunas creaciones como los planos o las cartas que sí encajan en la categoría de obras en el momento presente.

Pues bien, comenzando por la última cuestión, la pregunta que se plantea es qué requisitos procede tener en cuenta para constatar que lo que se ha divulgado es una obra susceptible de protección a través de la propiedad intelectual. El TRLPI contempla estas condiciones en el art. 10 primer párrafo cuando establece que «son objeto de propiedad intelectual todas las creaciones originales literarias, artísticas o científicas expresadas por cualquier medio o soporte, tangible o intangible, actualmente conocido o que se invente en el futuro». En mi opinión, al no especificar nada diferente el art. 129, 1 del TRLPI, son estas las condiciones que deben tenerse en cuenta conforme a la interpretación que de ellas se realiza en la actualidad, con independencia de la fecha en que la obra se creó, entró en dominio público o de cuál sea su antigüedad. Es decir, procederá su aplicación igualmente para una obra inédita creada mientras estaba vigente la Ley de 1879 que acabe de entrar en dominio público, que las que se crearon antes de existir legislación alguna de propiedad

---

[31]   Las leyes y otro tipo de normas quedaban protegidas en tanto precisaban autorización del gobierno para su publicación fuera de los «diarios oficiales» en el art. 28 de la Ley de 1879. Exactamente decía el precepto: «Las leyes, decretos, reales órdenes, reglamentos y demás disposiciones que emanen de los poderes públicos, pueden insertarse en los periódicos y en otras obras en que por su naturaleza u objeto convenga citarlos, comentarlos, criticarlos o copiarlos a la letra, pero nadie podrá publicarlos sueltos ni en colección sin permiso expreso del Gobierno».

intelectual, como pueden ser las obras musicales de la edad media. De la misma forma lo entiende la doctrina alemana, para quien la definición de obra que debe aplicarse al § 71 UrhG es la misma que está presente en el resto de la ley, teniendo en cuenta que la Directiva no ha influido sobre el concepto [32]. Además de esta manera se cumple mejor con la finalidad de interés público del art. 129, 1 del TRLPI, tendente a conseguir que las obras estén a disposición de la ciudadanía preservando el patrimonio cultural, porque se incentiva la puesta a disposición del público de creaciones antiguas que se consideran valiosas hoy día pero que en su momento podían no valorarse suficientemente. Pensemos por ejemplo en los dibujos infantiles de cuya condición de obra no se duda en la actualidad mientras sean originales. Precisamente el Archivo histórico de Barcelona acaba de divulgar dibujos inéditos de cientos de niños y niñas realizados los primeros meses de la Guerra civil española que permanecían ocultos entre la documentación administrativa de la institución [33]. Con la divulgación de estos dibujos infantiles sobre la Guerra civil y otros muchos conservados en otras entidades (Biblioteca nacional, Universidad de Columbia, etc.) [34] sin duda se da satisfacción a los intereses públicos de acceso a las obras y a la preservación del patrimonio cultural, a los que se refieren los arts. 44 y 46 de la Constitución española.

---

[32]   Götting, Horst-Peter y Lauber-Rönsberg, Anne, *op. cit.*, p. 22 y Langer, Eva, *op. cit.*, pp. 77 y 78.

[33]   Puede verse al respecto una noticia en Himelfarb, David León, *Una expo revela los dibujos que hacían los menores de BCN durante la Guerra Civil.* Disponible en https://barcelonasecreta.com/exposicion-arxiu-en-guerra-dibujos-ineditos-menores-guerra-civil/.

[34]   Navarro, Fran, *Esto es lo que dibujaban los niños españoles durante la guerra civil*, Revista Muy interesante, 20 de octubre de 2023. Disponible en https://www.muyinteresante.es/historia/61803.html?utm_source=pocket-newtab-es-es.

Señalado lo anterior, y sabiendo que para que nazca
el derecho conexo el objeto que se divulgue ha de reunir
los requisitos que el art. 10 del TRLPI contempla para
las obras, conviene hacer hincapié en que esto no sucede
cuando se sacan a la luz pública interpretaciones, meras fotografías u otras prestaciones a las que se refiere el Libro II
de esta Ley, aunque la divulgación de estos objetos puede
ser relevante también en relación con el interés público de
acceso a la cultura y preservación del patrimonio. Tómese
como ejemplo las grabaciones por parte de folkloristas
y etnógrafos de interpretaciones de músicas populares o
de entrevistas en una lengua tradicional [35] una vez que
ha transcurrido el tiempo de vigencia de los derechos de
explotación sobre las actuaciones y los fonogramas. Ciertamente interesa su conocimiento por parte del público, pero
no se reconoce el derecho de exclusiva para quien se ocupe
de su divulgación, dado que no tienen la consideración
de obra. Por lo tanto, cualquier persona podrá utilizar las
prestaciones mencionadas libremente con fines comerciales
o no comerciales conforme a lo que señala el art. 41 del
TRLPI. De la misma forma el art. 129, 1 del TRLPI no se
aplica a los objetos que se consideran excluidos del marco
de esta Ley (art. 13) [36].

[35]   Se trata de ejemplos como los que alberga el Archivo de la Tradición oral del Museo del pueblo de Asturias. En este se puede acceder a
las grabaciones realizadas por Jesús LÓPEZ SUAREZ de relatos populares
contados en bable.
[36]   Tal y como recoge el art. 13 del TRLPI «no son objeto
de propiedad intelectual las disposiciones legales o reglamentarias
y sus correspondientes proyectos, las resoluciones de los órganos
jurisdiccionales y los actos, acuerdos, deliberaciones y dictámenes de
los organismos públicos, así como las traducciones oficiales de todos los
textos anteriores».

Por último, interesa reflexionar acerca de un tipo de obras determinadas, como son las arqueológicas, y analizar si encajan o no en el art. 129, 1 del TRLPI, teniendo en cuenta la existencia de casos llamativos en relación con ellas en Francia y Alemania. Uno de estos se refiere a las pinturas de la Cueva de Chauvet-Pont-d'Arc descubiertas por tres espeleólogos en 1994 en el sureste de Francia. Se trata de pinturas rupestres de las más antiguas conocidas (de unos 32.000-30.000 años algunas de ellas) y mejor conservadas del mundo. El segundo caso gira en torno al «Disco celeste de Nebra», que es una pieza arqueológica de bronce de unos 3.600 años, hallada en 1999 en el monte Mittelberg, cerca de Nebra (Alemania). Las sentencias con las que concluyen los procesos en torno a ellas analizan si hubo comunicación pública en la antigüedad con el objeto de determinar si las creaciones eran o no inéditas. Para las primeras se niega que los descubridores las hubieran sacado a la luz porque la cueva se considera un espacio frecuentado por los seres humanos que dejaron allí sus huellas. Mientras que para el «Disco celeste de Nebra» no se valora como suficiente que se hubiera transportado en desfiles religiosos, deduciéndose que no hubo comunicación pública. En un supuesto se entiende que las obras arqueológicas encontradas permanecen en dominio público y pueden usarse libremente por cualquiera, y en el otro se reconoce la titularidad del derecho conexo al Estado alemán en el que se halló la pieza (Sajonia Anhal) por la divulgación realizada cuando presentó la obra a la prensa. De manera que no hay reconocimiento del derecho conexo para los particulares que hayan podido sacar a la luz las piezas arqueológicas que permanecían ocultas.

En nuestro país, a mi modo de ver los particulares que saquen a la luz obras con valor arqueológico que hayan permanecido ocultas durante mucho tiempo tampoco ostentarían el derecho conexo por aplicación de la normativa sobre Patrimonio histórico, como se explica a continuación conforme a una interpretación personal.

3. La singularidad de las obras del patrimonio arqueológico

Las pinturas rupestres, las estatuillas milenarias y otros objetos semejantes que reúnan los requisitos que el TRLPI exige a las obras encajan en lo que la Ley 16/1985, de 25 de junio, de patrimonio histórico español (LPHE) [37] considera patrimonio arqueológico en el capítulo II. Este se inicia con el art. 40, según el cual «forman parte del Patrimonio Histórico Español los bienes muebles o inmuebles de carácter histórico, susceptibles de ser estudiados con metodología arqueológica, hayan sido o no extraídos y tanto si se encuentran en la superficie o en el subsuelo, en el mar territorial o en la plataforma continental» (art. 40, 1 LPHE). A lo que se añade que «las cuevas, abrigos y lugares que contengan manifestaciones de arte rupestre quedan declarados Bienes de Interés Cultural por ministerio de esta Ley» (art. 40, 2 LPHE).

El aspecto principal del régimen jurídico de los bienes del patrimonio arqueológico es su carácter de dominio público, reconocido en el art. 44, 1 de la LPHE, que señala exactamente «son bienes de dominio público todos los objetos y restos materiales que posean los valores que son

---

[37]   Se trata de la Ley 16/1985 de 25 de junio de Patrimonio Histórico Español, actualmente en proceso de reforma. Puede accederse al anteproyecto de 2021 de modificación de esta Ley y de la Ley 10/2015 de 26 de mayo para la salvaguardia del Patrimonio Cultural Inmaterial en https://www.culturaydeporte.gob.es/en/servicios-al-ciudadano/informacion-publica/audiencia-informacion-publica/cerrados/2021/modificacion-lphe-salvaguardapci.html. Ver al respecto, ANGUITA VILLA-NUEVA, Luis Antonio, Reflexiones sobre la Ley 16/1985, de 25 de junio, del Patrimonio Histórico Español, *Tutela jurídica del Patrimonio Cultural*, (Coord. M. J. Roca Fernández y M. O. Godoy), Tirant lo Blanch, Valencia, 2021, pp. 67 a 96.

propios del Patrimonio Histórico Español y sean descubiertos como consecuencia de excavaciones, remociones
de tierra u obras de cualquier índole o por azar». Lo que
conlleva la obligación de entrega a la Administración de
los objetos arqueológicos que se descubran. En el caso de
realizarse excavaciones y prospecciones arqueológicas se
requiere autorización y además como se ha dicho la entrega de los objetos obtenidos, debidamente inventariados y
catalogados. En esta situación el beneficiario del permiso
no tendrá derecho a un premio o participación en el pro-
ducto de su descubrimiento [38]. Otra cosa sucede cuando los
hallazgos se producen como consecuencia de excavaciones,
remociones de tierra u obras de cualquier otra índole o por

---

[38]   Según la literalidad del art. 42 de la LPHE: «1. Toda excava-
ción o prospección arqueológica deberá ser expresamente autorizada por
la Administración competente, que, mediante los procedimientos de inspección y control idóneos, comprobará que los trabajos estén planteados y
desarrollados conforme a un programa detallado y coherente que conten-
ga los requisitos concernientes a la conveniencia, profesionalidad e interés
científico. 2. La autorización para realizar excavaciones o prospecciones
arqueológicas obliga a los beneficiarios a entregar los objetos obtenidos,
debidamente inventariados, catalogados y acompañados de una Memoria,
al Museo o centro que la Administración competente determine y en el
plazo que se fije, teniendo en cuenta su proximidad al lugar del hallazgo y
las circunstancias que hagan posible, además de su adecuada conservación,
su mejor función cultural y científica. En ningún caso será de aplicación a
estos objetos lo dispuesto en el artículo 44. 3 de la presente Ley. 3. Serán
ilícitas y sus responsables serán sancionados conforme a lo dispuesto en
la presente Ley, las excavaciones o prospecciones arqueológicas realizadas sin la autorización correspondiente, o las que se hubieren llevado a
cabo con incumplimiento de los términos en que fueron autorizadas, así
como las obras de remoción de tierra, de demolición o cualesquiera otras
realizadas con posterioridad en el lugar donde se haya producido un hallazgo casual de objetos arqueológicos que no hubiera sido comunicado
inmediatamente a la Administración competente...».

azar [39], en que hay obligación de comunicación y entrega de los objetos descubiertos, compensándose al descubridor y al propietario del lugar con la mitad del valor de la tasación, que se distribuirá por partes iguales (art. 44, 3 LPH). Por su parte, cuando los hallazgos constituyan elementos integrantes de la estructura arquitectónica de un inmueble estos deben notificarse a la Administración competente sin que tampoco haya derecho a premio [40] (art. 44, 5 LPH).

El art. 44 de la LPHE establece una diferencia entre el hallazgo de objetos y restos materiales, que declara de dominio público en el apartado primero, y el hallazgo de partes integrantes de la estructura arquitectónica de un inmueble incluido en el Registro de Bienes de Interés Cultural, a los que no se aplica lo regulado antes, según recoge el apartado quinto [41]. Lo que plantea la cuestión

[39]   El art. 41 de la LPHE dice lo siguiente: «1. A los efectos de la presente Ley son excavaciones arqueológicas las remociones en la superficie, en el subsuelo o en los medios subacuáticos que se realicen con el fin de descubrir e investigar toda clase de restos históricos o paleontológicos, así como los componentes geológicos con ellos relacionados. 2. Son prospecciones arqueológicas las exploraciones superficiales o subacuáticas, sin remoción del terreno, dirigidas al estudio, investigación o examen de datos sobre cualquiera de los elementos a que se refiere el apartado anterior. 3. Se consideran hallazgos casuales los descubrimientos de objetos y restos materiales que, poseyendo los valores que son propios del Patrimonio Histórico Español, se hayan producido por azar o como consecuencia de cualquier otro tipo de remociones de tierra, demoliciones u obras de cualquier índole».

[40]   Ver LEÑERO BOHÓRQUEZ, Rosario, *La tutela jurídico-administrativa de la funcionalidad del patrimonio arqueológico: dominio público y control administrativo de las actividades arqueológicas*, Tesis doctoral, 2011, p. 429, para quien la mención a los objetos al regular el premio en los hallazgos casuales puede obedecer a la voluntad legislativa de premiar exclusivamente los hallazgos mobiliarios, sin que de ello se infiera que los restos inmobiliarios queden al margen del dominio público.

[41]   Según el art. 44, 5 de la LPHE «se exceptúa de lo dispuesto en este artículo el hallazgo de partes integrantes de la estructura arquitec-

de si los inmuebles con valor arqueológico entran o no dentro de la categoría de bienes de dominio público y en lo que aquí interesa si las pinturas rupestres halladas en las cuevas lo son [42]. Los especialistas vienen a entender que los restos inmuebles que se encuentren bajo el suelo pueden tener carácter demanial, pero no los emergentes o conocidos en la medida que posean titular [43], y, en el caso concreto de las pinturas aparecidas en cuevas, en principio se descarta su demanialidad aunque dependiendo de las circunstancias algunas de ellas podrían considerarse del dominio público [44].

Pues bien, al menos en relación con los objetos y restos muebles que tengan la consideración de obras conforme al TRLPI hay que preguntarse qué implica que sean bienes de dominio público, de acuerdo con el significado que este concepto tiene en el ámbito del Derecho público. Para responder a esta pregunta hay que acudir a la Ley 33/2003, de 3 de noviembre, del Patrimonio de las administraciones públicas (LPAP), según la cual «son bienes y derechos de dominio público los que, siendo de titularidad pública, se encuentren afectados al uso general o al servicio público, así como aquellos a los que una ley otorgue expresamente

---

tónica de un inmueble incluido en el Registro de Bienes de Interés Cultural. No obstante, el hallazgo deberá ser notificado a la Administración competente en un plazo máximo de treinta días».

[42]   Sobre pinturas y otro tipo de obras que pueden ir vinculadas a un inmueble, Espín Alba, Isabel, La integración, en las obras de arquitectura, de otras obras —pictóricas, escultóricas— del espíritu: derechos de los autores de unas y otras obras, *Obras arquitectónicas y Propiedad Intelectual*, (Coord. C. Rogel Vide), Reus, Madrid, 2023, pp. 133 a156.

[43]   Barcelona Llop, Javier, *El dominio público arqueológico*, Revista de Administración Pública, núm. 151, 2000, pp. 151 a 160 y Leñero Bohórquez, Rosario, *op. cit.*, pp. 461 a 466.

[44]   Según Barcelona Llop, Javier, *op. cit.*, pp. 158 y 159, podría tratarse de las que se encuentren en las partes subterráneas de una cueva o de las que aparezcan en cuevas de titularidad pública.

el carácter de demaniales» (art. 5, 1 LPAP). Esta descripción se completa con el reconocimiento de los principios que rigen en relación con ellos, cuando establece que «la gestión y administración de los bienes y derechos demaniales por las Administraciones públicas se ajustarán a los siguientes principios: a) Inalienabilidad, inembargabilidad e imprescriptibilidad. b) Adecuación y suficiencia de los bienes para servir al uso general o al servicio público a que estén destinados. c) Aplicación efectiva al uso general o al servicio público, sin más excepciones que las derivadas de razones de interés público debidamente justificadas. d) Dedicación preferente al uso común frente a su uso privativo. e) Ejercicio diligente de las prerrogativas que la presente ley u otras especiales otorguen a las Administraciones públicas, garantizando su conservación e integridad (…)» (art. 6 LPAP).

Siguiendo estos principios que rigen para los bienes demaniales, con fundamento en el art. 132 de la Constitución [45], cabe interpretar que cuando los objetos arqueológicos reúnan las condiciones propias de las obras intelectuales ningún sujeto podrá hacer un uso exclusivo de los mismos, pues nadie debería monopolizar su utilización asumiendo el poder de prohibir o autorizar la reproducción y distribución, comunicación pública o transformación. De manera que, aunque una persona se ocupe de sacar a la luz pública por primera vez una obra del patrimonio

---

[45]   El art. 132 de la Constitución Española señala textualmente «1. La ley regulará el régimen jurídico de los bienes de dominio público y de los comunales, inspirándose en los principios de inalienabilidad, imprescriptibilidad e inembargabilidad, así como su desafectación. 2. Son bienes de dominio público estatal los que determine la ley y, en todo caso, la zona marítimo-terrestre, las playas, el mar territorial y los recursos naturales de la zona económica y la plataforma continental. 3. Por ley se regularán el Patrimonio del Estado y el Patrimonio Nacional, su administración, defensa y conservación».

arqueológico, no nacería para ella el derecho conexo que se contempla en el art. 129, 1 del TRLPI y su utilización seguiría siendo libre en el sentido del art. 41 del TRLPI.

Esta interpretación se apoya no tanto en la inalienabilidad de los bienes y derechos de dominio público, que acarrea la exclusión de estos del tráfico jurídico privado [46], sino en su destino como bienes de uso general. La inalienabilidad a mi entender no tendría por qué afectar al corpus misticum de la obra y por tanto podría explotarse como bien inmaterial manteniéndose la titularidad administrativa sobre el objeto arqueológico. Sin embargo, pienso que, aplicando los principios que rigen para los bienes demaniales de uso común general a las obras que tengan la consideración de patrimonio arqueológico, no tiene cabida el reconocimiento de un derecho de exclusiva que limite o impida su utilización colectiva. Esto es así porque el uso común se basa precisamente en la utilización colectiva de los bienes por parte del público en general. Se trata de un uso indiscriminado que se rige por los principios de libertad, igualdad y gratuidad [47]. Lo que, trasladado a las obras de carácter arqueológico, que por su naturaleza son susceptibles de un uso inmaterial, significa que cualquier persona que acceda lícitamente a ellas ha de poder reproducirlas, distribuirlas, comunicarlas al público o realizar otro tipo de utilizaciones de forma gratuita y libre. Algo que es totalmente incompatible con el reconocimiento de

---

[46]   Sobre el sentido de la inalienabilidad de los bienes y derechos de dominio público PARADA, Ramón y LORA-TAMAYO, Marta, *Derecho Administrativo III: Bienes públicos. Derecho urbanístico,* Dykinson, Madrid, 2019, p. 83.

[47]   Sobre el destino de uso general de los bienes de dominio público ver PARADA, Ramón y   LORA-TAMAYO, Marta, *op. cit.*, pp. 70 y 71.

un derecho de exclusiva como el del art. 129, 1 del TRLPI
a un solo sujeto.

En consecuencia, habría que entender que los objetos
y restos muebles que formen parte del patrimonio arqueológico y tengan la consideración de obra conforme al
TRLPI quedarían excluidos de la aplicación del art. 129,
1 de esta Ley.

4. Obras no divulgadas previamente

Entre las circunstancias que debe reunir el objeto sobre el que recae el derecho reconocido en el artículo 129,
1 del TRLPI se exige que sea una obra inédita, pero no se
determina lo que debe entenderse por inédita a efectos del
precepto ni en general en el marco de la Ley. La idea de
obra inédita es una cuestión que la doctrina aborda cuando
estudia el derecho moral de divulgación (art. 14, 1 TRL-
PI). Considera que el «derecho de inédito» constituye la
faceta negativa del mismo y ampara la decisión del autor o
autora de no divulgar la creación [48]. De forma que la «obra
inédita» es el objeto de ese derecho [49]. Por esta razón para
comprender el requisito mencionado hay que acudir a la
definición de divulgación.

El art. 4 del TRLPI dice que «a efectos de lo dispuesto
en la presente Ley, se entiende por divulgación de una obra
toda expresión de la misma que, con el consentimiento
del autor, la haga accesible por primera vez al público en
cualquier forma». Así pues, la divulgación se produce en
el momento en el que la creación sale del ámbito privado

---

[48]   MARTÍNEZ ESPÍN, Pascual, «Comentario al art. 14»,
Comentarios a la Ley de propiedad intelectual, (Coord. R. Bercovitz), Tecnos,
Madrid, 2007, p. 215.
[49]   GONZÁLEZ LÓPEZ, Marisela, *El derecho moral del autor en la
Ley española de propiedad intelectual*, Marcial Pons, Madrid, 1993, p. 146.

del autor o autora con su consentimiento y llega a un grupo suficientemente amplio de personas [50]. Hace falta que la obra pueda circular entre la ciudadanía, por eso no se considera divulgación una lectura entre amigos o mostrar una pintura a algunos críticos [51]. Además, se trata de que el público acceda a la obra por primera vez, por eso la mayoría de la doctrina estima que la divulgación se agota con su ejercicio [52]. Por otro lado, entiende que cuando la obra se da a conocer al público en contra de la voluntad del autor o autora no hay divulgación lícita y a efectos legales debe seguir considerándose inédita, aunque sea a través de una ficción teniendo en cuenta que el conocimiento efectivo ya ha tenido lugar [53]. En cuanto a las vías para dar a conocer la obra por primera vez se admite cualquier forma y por tanto puede ser a través de la publicación de ejemplares o mediante cualquiera de las modalidades de comunicación

[50]   Puede decirse que la obra resulta accesible a un grupo indeterminado de personas, siendo la circunstancia que debe darse para entender que ya se ha divulgado. Ver RIVERO HERNÁNDEZ, Francisco, «Comentario al art. 4», *Comentarios a la Ley de propiedad intelectual*, (Coord. R. Bercovitz), Tecnos, Madrid, 2007, pp. 77 y 78. Además, está presente la voluntad del autor o autora de dar a conocer su obra al resto. Sobre el consentimiento del autor ver VENTURA VENTURA, José Manuel, «Comentario al artículo 4», *Comentarios a la Ley de Propiedad Intelectual*, (Dir. J. M., RODRÍGUEZ TAPIA), Civitas, Pamplona, 2009, p. 91.

[51]   En este sentido GONZÁLEZ LÓPEZ, Marisela, *op. cit.*, p. 153, nota n.º 45, cita a la doctrina italiana.

[52]   Para RIVERO HERNÁNDEZ, Francisco, *op. cit.*, p. 78, «no hay segundas o terceras divulgaciones de una obra, aunque sí puede haber segundas ediciones o terceras representaciones de la misma. La importancia de la primera vez reside en que a partir de ese momento se inicia la vida pública de la obra, a la que quedan vinculados importantes efectos, como es el cómputo de ciertos plazos de duración de derechos o la protección, la adquisición y efectividad de algunos contratos y derechos de terceros, que antes serán inviables».

[53]   RIVERO HERNÁNDEZ, Francisco, *op. cit.*, p. 202 y GONZÁLEZ LÓPEZ, Marisela, *op. cit.*, p. 146.

pública. Recuérdese que por publicación se entiende «la divulgación que se realice mediante la puesta a disposición del público de un número de ejemplares de la obra que satisfaga razonablemente sus necesidades estimadas de acuerdo con la naturaleza y finalidad de la misma» (art. 4 TRLPI) y por comunicación pública «todo acto por el cual una pluralidad de personas pueda tener acceso a la obra sin previa distribución de ejemplares a cada una de ellas», no considerándose pública la comunicación «cuando se celebre dentro de un ámbito estrictamente doméstico que no esté integrado o conectado a una red de difusión de cualquier tipo» (art. 20, 1 TRLPI).

Por otra parte, después de la muerte del autor o autora, o tras la declaración de fallecimiento, la obra podrá divulgarse por las personas mencionadas en los art. 15 y 16 del TRLPI durante un plazo de 70 años. Es decir, podrá dar a conocer la obra por primera vez al público «la persona física o jurídica a la que el autor se lo haya confiado expresamente por disposición de última voluntad. En su defecto, el ejercicio de esos derechos corresponderá a los herederos» (art. 15). «Siempre que no existan las personas mencionadas (…), o se ignore su paradero, el Estado, las Comunidades autónomas, las Corporaciones locales y las instituciones públicas de carácter cultural estarán legitimadas para ejercer los derechos previstos…» (art. 16).

Teniendo en cuenta lo anterior, si consideramos que la obra inédita del art. 129, 1 del TRLPI es la obra no divulgada, entonces debería tratarse de una creación que permanece oculta al público y no ha salido nunca a la luz. Es decir, no sería inédita aquella obra que se hubiera publicado en algún momento o que se hubiera comunicado al público a pesar de permanecer inaccesible después. Pensemos, por ejemplo, en obras musicales manuscritas a las que únicamente accedió el público en un concierto el día del estreno como ha sucedido con algunos de los temas del compositor Antonio José Martínez Palacios. Ahora bien, esta no es la única interpretación posible del precepto. La doctrina propone otra según la cual obra inédita equivaldría a obra no publicada. Es decir, se trataría de la obra que no hubiera pasado por el proceso de reproducción y distribución de ejemplares en un número suficiente para el público. Lo relevante sería que la obra no se hubiera distribuido, aunque pudiera haberse producido su divulgación a través de la comunicación pública.

En opinión de Rodrigo Bercovitz Rodríguez-Cano dicha interpretación concuerda con el art. 4 de la Directiva 93/98/CEE que distingue claramente entre comunicación pública y publicación, y se refiere a «una obra no publicada» [54]. No obstante, considera este autor que además de exigir que las obras no se hubieran publicado en sentido estricto habría que tener en cuenta que tampoco se hubieran puesto a disposición del público (art. 20, 2, i) TRLPI), aplicando por analogía las normas que equiparan ambas modalidades de explotación a los efectos del derecho de remuneración por la puesta en circulación de fonogramas en el mercado (art. 15 TOIEF) [55]. De modo que para él la puesta a disposición del público puede considerarse un nuevo supuesto de publicación en el sentido del artículo 4 del TRLPI. Según entiende resulta más apropiada esta interpretación del concepto de «obra inédita» del art. 129, 1 del TRLPI [56] ya que encaja mejor con la pretensión de

---

[54]   BERCOVITZ RODRÍGUEZ-CANO, Rodrigo, *Comentario...*, 2007, *op. cit.*, p. 1628.
[55]   El autor se refiere al Tratado de la OMPI sobre Interpretación o Ejecución y Fonogramas del año 1996.
[56]   Este jurista pone de manifiesto su evolución respecto de la interpretación que ofrecía en una edición anterior de su trabajo (de 1997). Entonces no tuvo en cuenta la equiparación entre publicación y puesta a disposición del público en algunos casos concretos y consideraba «obra inédita» la obra no distribuida, aunque hubiese sido divulgada [hecha

propiciar la actividad consistente en dar a conocer al público obras desconocidas y difíciles de conocer [57].

En el Derecho comparado, con la transposición de la Directiva lo que debería entenderse por «obra inédita» u «obra no publicada» tampoco queda del todo claro. En Francia el Tribunal de Casación, en una sentencia de 30 de noviembre de 2016 [58], niega que los descubridores que sacaron a la luz las pinturas y grabados de la Cueva de Chauvet sean los primeros divulgadores, pues a pesar de que la entrada estuvo bloqueada un periodo muy largo de tiempo era un espacio frecuentado para la realización de ritos, como demuestran las huellas humanas de las actividades que se habían llevado a cabo allí durante miles de años; por lo que considera que los frescos producidos a lo largo de casi 5.000 años eran accesibles entonces [59]. De modo que, con independencia de otros elementos que se tienen en cuenta para negar a los descubridores el derecho reconocido en el art. L. 123-4 del Código de propiedad intelectual [60], se descarta el nacimiento del mismo para

---

accesible al público por cualquier forma (art. 4 LPI)] mediante la comunicación pública (art. 20 LPI). Ver en BERCOVITZ RODRÍGUEZ-CANO, Rodrigo, *op. cit.*, 2017, pp. 1722 y 1723.

[57]   BERCOVITZ RODRÍGUEZ-CANO, Rodrigo, *op. cit.*, 2007, p. 1629.

[58]   Se puede acceder a la sentencia en https://www.legifrance. gouv.fr/juri/id/JURITEXT000033526153.

[59]   Puede verse, sobre los hechos y antecedentes, el comentario que realiza de la sentencia SCHROEDER, Jean-Baptiste, *La Cour de Cassation refuse de reconnaître aux inventeurs la qualité de premiers publicateursdes peintures rupestres de la Grotte Chauvet*. 2017. Disponible en https://www. village-justice.com/articles/cour-cassation-refuse-reconnaitre-aux-Inventeurs-qualite-premiers-publicateurs,24160.html.

[60]   El artículo 123-4 del Código de propiedad intelectual francés establece lo siguiente: «Pour les oeuvres posthumes, la durée du droit exclusif est celle prévue à l'article L. 123-1. Pour les oeuvres posthumes divulguées après l'expiration de cette période, la durée du droit exclusif est de vingt-cinq années à compter du 1er janvier de l'année civile suivant celle de la publication. Le droit d'exploitation des oeuvres posthumes

ellos, por no cumplirse el requisito de que las obras nunca se hubieran dado a conocer al público. En definitiva, se considera que para que nazca el derecho conexo las obras no deben haberse publicado y tampoco comunicado al público previamente.

Otra interpretación sigue la sentencia alemana, de 19 de abril de 2005, del Tribunal de Gran instancia de Magdeburg sobre el «Disco celeste de Nebra» [61], que es una pieza arqueológica de bronce de unos 3.600 años, a la que ya se ha hecho referencia. En esta ocasión los demandados por publicar un libro con una imagen del «Disco celeste de Nebra» en la portada alegan que el Estado de Sajonia Anhal, al que se habían reconocido anteriormente los derechos [62] previstos por el § 71 de la Ley de derecho de autor y derechos conexos alemana (UrhG) [63], no los podía

---

appartient aux ayants droit de l'auteur si l'oeuvre est divulguée au cours de la période prévue à l'article L. 123-1. Si la divulgation est effectuée à l'expiration de cette période, il appartient aux propriétaires, par succession ou à d'autres titres, de l'oeuvre, qui effectuent ou font effectuer la publication. Les oeuvres posthumes doivent faire l'objet d'une publication séparée, sauf dans le cas où elles ne constituent qu'un fragment d'une oeuvre précédemment publiée. Elles ne peuvent être jointes à des oeuvres du même auteur précédemment publiées que si les ayants droit de l'auteur jouissent encore sur celles-ci du droit d'exploitation». Sobre esta redacción como se viene observando algunos autores han señalado que al no ajustarse a la Directiva puede cuestionarse su compatibilidad con la misma. En este sentido, desde el primer momento, Varet, Vincent, *La protection des oeuvres posthumes* (tesis doctoral), 1996, recogido por Lucas, André et Lucas, J. H., *op. cit.*, 2006, p. 408.

[61]   La sentencia del Tribunal de Magdeburg de 19 de abril de 2005 está disponible en Landgericht Magdeburg Urteil 5 W 32/05 Himmelsscheibe von Nebra 71 UrhG (rechtsanwaltmoebius.de).

[62]   La sentencia del Tribunal de Magdeburg de 16 de octubre de 2003 está disponible en Landgericht Magdeburg Urteil 7 O 847/03 Himmelsscheibe von Nebra 71 UrhG (rechtsanwaltmoebius.de).

[63]   De acuerdo con la traducción al inglés ofrecida por la OMPI el precepto, bajo el título de «Posthumous works», establece: «1. Anyone

ostentar porque lo que dieron a conocer ante el público
no era una obra inédita. Lo explicaban basándose en los
informes arqueológicos que decían que el «Disco celeste
de Nebra», además de usarse hace miles de años como un
calendario rural para la determinación del horario de in-
vierno y verano, había servido como un objeto sagrado y se
había transportado en el contexto de desfiles, por lo que ya
se había puesto a disposición del público en ese momento.
La sentencia da argumentos para demostrar que en los
desfiles religiosos no hubo un acceso público como el que
exige el § 6, 2 UrhG, que precisa que los autores pongan
las creaciones artísticas a disposición pública de forma
permanente ⁶⁴, porque se trataría de un uso temporal del
disco. Así pues, valora si hubo o no comunicación pública
(de forma permanente), aunque después venga a decir que
una comunicación pública no se tendría en cuenta si las

---

who has a previously unreleased work released legally for the first time
after the expiry of the copyright or communicates it to the public shall
have the exclusive right to exploit the work. The same shall apply to unreleased works which were never protected within the territory to which
this Act applies, but whose author died more than 70 years previously.
Sections 5 and 10 (1), as well as sections 15 to 24, 26, 27, 44 a to 63 and
88 shall apply mutatis mutandis. 2. The right shall be transferrable. 3.
The right shall expire 25 years after the work was released or, if its first
communication to the public was made prior to that date, 25 years the-
reafter. The time limit shall be calculated in accordance with section 69».
Disponible en WIPO Lex.

⁶⁴   Según la versión en inglés de la OMPI el § 6 de la Ley de
Derecho de autor y derechos conexos alemana señala: «1. A work shall
be deemed to have been published when it has been made available to
the public with the consent of the rightholder. 2. A work shall be deemed
to have been released when copies of the work have been offered, with
the rightholder's consent, to the public or put into circulation after their
production in sufficient quantity. An artistic work shall also be deemed to
have been released when the original or a copy of the work has been made
permanently available to the public with the consent of the rightholder».
Disponible en WIPO Lex.

obras fueran anteriores a las Leyes sobre derechos de autor. Según dice la sentencia, del § 71 UrhG se desprende que la comunicación pública antes de la existencia de una protección de derechos de autor estandarizada no es suficiente para evitar el nacimiento del derecho conexo, y que el objeto al que se refiere ha de ser un trabajo que nunca se publicó. Además, adhiriéndose a la opinión que se defendió en la sentencia del 16 de octubre de 2003, entiende que otra cosa contradeciría el sentido y propósito del § 71 UrhG, que debe contribuir precisamente al hecho de que los bienes culturales perdidos se pongan a disposición del público de hoy. En definitiva, queda claro que una comunicación al público no duradera no se tendría en cuenta para determinar que la obra deja de ser inédita, y que tratándose de obras anteriores a las Leyes sobre derecho de autor la única actuación que excluiría el nacimiento del derecho conexo sería la publicación.

Con la sentencia del caso «Motezuma», de 22 de enero de 2009, del Tribunal Federal de Justicia [65] parece afianzarse la interpretación de que los derechos por sacar a la luz una obra después de su entrada en el dominio público recaen sobre creaciones no publicadas antes, aunque pudiera haberse producido una comunicación pública en el pasado, si bien no se resuelve la cuestión de forma definitiva. En esta ocasión el conflicto gira en torno a la ópera «Motezuma» de Antonio Vivaldi, representada por primera vez el 14 de noviembre de 1733 en el Teatro Sant'Angelo de Venecia. Después de la muerte del compositor se perdió la partitura y solo se conocía la letra, pero en 2002 se descubrió un ejemplar en el archivo de la biblioteca de la Sing-Akademie zu Berlín. En 2005 se interpretó en

---

[65]   La sentencia está disponible en BGH, Urteil vom 22. 1. 2009 – I ZR 19/07 (lexetius.com).

un concierto en Rotterdam con el consentimiento de la editora, que era la propia Sing-Akademie zu Berlín. Esta última considerándose titular del derecho conexo se oponía a nuevas representaciones sin su autorización. De manera que en la sentencia se plantea si la obra, que se acababa de editar a partir del ejemplar recién descubierto, tenía la consideración de «obra inédita» a efectos del § 71 UrhG. El Tribunal decidió que la ópera ya había sido publicada, y el demandante no gozaba del derecho conexo atendiendo a la prueba presentada por el demandado. Este demostró que la obra «Motezuma» ya había sido publicada en 1733 cuando las partituras se distribuyeron a los músicos antes de la primera representación, que es el momento en el que el manuscrito original se tuvo que depositar en el teatro de la ópera Sant'Angelo. De acuerdo con los usos de la época el depósito posibilitaba que copistas profesionales reprodujeran manualmente la partitura para los interesados (especialmente cortes principescas extranjeras y otros teatros de la ópera), lo que permite concluir que la partitura se habría publicado. Es decir, se habrían introducido en el mercado ejemplares de la composición en cantidad suficiente para satisfacer las necesidades normales atendiendo a la demanda del público destinatario de la época [66].

Hay que poner de relieve que esta sentencia considera que la publicación tiene lugar aunque no se hayan realizado muchas copias de la obra, pues entiende que basta con el original o una copia cuando esta se ponga a disposición del público, como debió suceder con «Motezuma», con la posibilidad de solicitar reproducciones a copistas

---

[66]   Ver en D'AMMASSA, Giovanni/VEZZOSO, Simonetta, *op. cit.*, p. 237 y VON LEWINSKY, Silke, Crónica de Alemania. *La evolución del derecho de autor en Alemania desde mediados de 2005 hasta finales de 2010*, (segunda parte), RIDA, n.º 229, 2011, p. 220.

profesionales una vez depositada la partitura en el teatro de la ópera. Por otra parte, la sentencia viene a decir que la divulgación en el sentido de la primera frase del § 6, 2 UrhG no requiere que los ejemplares de la obra se pongan directamente a disposición del público, sino que basta con que haya un número de copias suficiente como para que los interesados puedan acceder a ella. Razón por la que se considera «publicada» una película que se ha distribuido a las salas de proyección o una música cuya partitura se presta para los espectáculos públicos [67]. Este argumento es el que sirve para reiterar una y otra vez que con la entrega de la partitura a los intérpretes en el estreno y el depósito del original en el teatro de la ópera se comercializó un número suficiente de copias como para entender que la publicación ya había tenido lugar [68].

Dicho lo cual, hay que observar en relación con el caso «Motezuma» que tanto la sentencia de instancia como la del Tribunal federal «obiter dicta» mencionan que la comunicación pública de la obra en 1733 también podría estar excluyendo el nacimiento del derecho conexo. Sin embargo, la doctrina alemana, entre ellos Horst-Peter Götting y Anne Lauber-Rönsberg, considera que la comunicación pública en un tiempo anterior no debe afectar al nacimiento del derecho conexo cuando se publique esa obra por primera vez. De hecho estos autores entienden que «obra inédita» es únicamente la no publicada en el pasado, aunque hubiera habido comunicación pública. No obstante, en un supuesto concreto consideran que la comunicación pública previa podría impedir el nacimiento del derecho del § 71 UrhG. Se trata del caso en el que la obra se comunicó al público en el pasado y la forma de darla

---

[67]   De este modo en el apartado 39 de la sentencia.

[68]   Así puede verse en los apartados 32, 37 o 46, entre otros, de la sentencia.

a conocer en el presente es otra comunicación pública. Estiman que el derecho del § 71 UrhG no puede surgir a partir de una nueva comunicación porque ya no sería la primera como dice el precepto [69].

Otro es el punto de vista de Eva Langer, quien entiende que una interpretación conforme al art. 4 de la Directiva determina que incluso una comunicación pública previa impide el nacimiento del derecho del § 71 UrhG. Llega a esta conclusión después de analizar la evolución del concepto de comunicación pública en los tratados internacionales y en el derecho de la Unión europea, así como los actos legislativos precursores de la Directiva sobre el plazo de protección. No obstante, para ella la comunicación pública anterior a la normativa vigente [70] que impediría el nacimiento del derecho del § 71 UrhG no sería cualquier forma de comunicación pública, sino la que estuviera ligada a medios como la televisión o el cine que permiten de alguna manera que la obra permanezca entre el público [71]. Entre sus argumentos señala que a partir del art. 4 de la Directiva el legislador asume que con la comunicación pública se consigue la finalidad de la norma, que es hacer accesibles al público en general obras previa-

---

[69]   GÖTTING, Horst-Peter/ LAUBER-RÖNSBERG, Anne, *op. cit.*, p. 49.

[70]   En Alemania igual que en España la regulación proveniente de la Directiva se incorpora al Derecho interno en 1995. En ambos casos el régimen anterior establecía que el derecho conexo sobre obras inéditas en el dominio público nacía con la publicación (edición en nuestro país). A partir de la regulación de 1995 además de reconocerse la publicación como mecanismo que permite el nacimiento del derecho también se considera la comunicación pública de la obra. De ahí que la doctrina se plantee si una comunicación pública anterior a 1995, de la que lógicamente no surgía el derecho conexo, impide o no el nacimiento de este con una publicación o nueva comunicación pública después de esa fecha.

[71]   LANGER, Eva, *op. cit.*, pp. 137 a 139.

mente desconocidas, y que este efecto ya se habrá logrado si tiene lugar antes de la regulación vigente [72]. De manera que pierde sentido reconocer un derecho que debe nacer por dar acceso al público a una obra de la que ya dispone [73].

En Italia, con un art. 85 ter en su Ley de derecho de autor [74] similar al art. 4 de la Directiva, cierta doctrina interpreta que el derecho conexo sólo se perfecciona después de la «primera» publicación o comunicación de una obra no publicada previamente, sin tener en consideración las formas de divulgación no duraderas, como la ejecución musical o la recitación, que hubieran tenido lugar en el pasado. De esta manera se lograría evitar que el nacimiento del derecho conexo se viera obstaculizado por formas precarias de divulgación que no garantizan el acceso a la obra de forma persistente en el tiempo. Esta interpretación se basa en el texto del precepto, que como sucede con el art. 4 de la Directiva reconoce el derecho a quien publique o comunique al público una obra «no publicada anteriormente», quedando bien diferenciada la comunicación pública del concepto de publicación, siendo

---

[72]   Hay que retener que para Eva LANGER se trata de la comunicación pública en modalidades que garanticen la permanencia de la obra entre el público.

[73]   LANGER, Eva, *op. cit.*, p. 138.

[74]   El art. 85-ter de la Ley italiana sobre la protección del derecho de autor y los derechos conexos establece lo siguiente: «1. Senza pregiudizio dei diritti morali dell'autore, a chi, dopo la scadenza dei termini di protezione del diritto d'autore, lecitamente pubblica o comunica al pubblico per la prima volta un'opera non pubblicata anteriormente spettano i diritti di utilizzazione economica riconosciuti dalle disposizioni contenute nella sezione I del capo III, del titolo I della presente legge, in quanto applicabili. 2. La durata dei diritti esclusivi di utilizzazione economica di cui al comma 1 è di venticinque anni a partire dalla prima lecita pubblicazione o comunicazione al pubblico». Este fue introducido por el Decreto Legislativo 154/1997.

este el que recoge el art. 3 del Convenio de Berna[75]. Según los autores que la defienden, esta es una interpretación que atiende a la finalidad de poner en conocimiento del público las obras de forma permanente[76].

En nuestro país, a diferencia de lo que pasa con el precepto alemán o el italiano, la redacción del art. 129, 1 del TRLPI mantiene el término original de «obra inédita» frente al de «obra no publicada» de la norma europea. Ahora bien, como ya se sabe, de acuerdo con la doctrina alemana, la Directiva no permite hacer una interpretación a favor de una regulación nacional propia, sino que el derecho interno debe interpretarse conforme a la norma europea. Pues bien, siguiendo este criterio, y después de considerar las distintas posturas doctrinales, entiendo que dentro del concepto de «inéditas» a efectos del art. 129, 1 del TRLPI encajan las obras que no han salido a la luz porque nunca han sido publicadas ni se han comunicado al público; pero también aquellas que, no habiéndose publicado, se han dado a conocer a través de un acto de comunicación pública fugaz que no permite que la obra esté accesible, como la interpretación musical de una sonata de la que solo existe una partitura manuscrita. Es decir, las obras dejan de ser inéditas bien cuando se han publicado o bien cuando se han comunicado al público a través de un medio que permite el acceso a la ciudadanía de forma duradera; de modo que el derecho previsto en el art. 129, 1 del TRLPI no puede nacer con un nuevo acto de publicación o comunicación pública.

---

[75]   Puede verse el precepto transcrito en la nota n.º 79.
[76]   D'AMMASSA, Giovanni, *Opere pubblicate...*, *op. cit.*, y BERTANI, Michele, *La prima pubblicazione delle opere di «dominio pubblico»*, AIDA, 1999, 148, pp. 159 y 160.

Por consiguiente, no tendría la misma consideración un acto de comunicación pública en el pasado que no permitiera a los destinatarios ni a otras personas volver a disfrutar de la obra, como pasaría con la lectura de unos poemas en un teatro no habiendo ejemplares disponibles, y el que tuviera lugar a través de un medio que garantizara el acceso de forma duradera, como puede ser la exposición pública permanente de una pintura en un museo. La razón que lo justifica procede de la finalidad misma del art. 4 de la Directiva, que establece un derecho para quien dé acceso al público a una obra cuya existencia no conoce la ciudadanía, de modo que con una comunicación pública anterior que permita ese acceso general debería entenderse que ya no es una obra inédita y que no procede el nacimiento del derecho conexo [77]. Con este enfoque se entiende la posición de Rodrigo Bercovitz Rodríguez-Cano cuando asimila las obras puestas a disposición del público por internet (art. 20, 2 i) TRLPI) con obras publicadas, aplicando por analogía las normas que equiparan ambas modalidades de explotación en otros casos, ya que se trata de una modalidad de comunicación que en principio garantiza el acceso a la obra por parte del público; de manera que puede hablarse de circulación de la creación en el mercado de forma semejante a como se produce a través de la publicación.

Interpretando de esta manera el precepto se satisface la finalidad que busca garantizar el acceso público a las obras no disponibles después de que haya expirado el derecho de autor, que en mi opinión era el propósito del precepto ya en sus orígenes, cuando no había tecnología que permitiera grabar una lectura en público o una interpretación musical y por lo tanto la forma de facilitar el

---

[77] Langer, Eva, *op. cit.*, p. 132.

acceso a la obra era la reproducción y distribución, previa fijación en su caso [78].

En definitiva, una obra puede considerarse inédita a efectos del art. 129, 1 del TRLPI siempre que no se haya puesto a disposición del público, bien a través de la publicación que tenga lugar con la reproducción y distribución de ejemplares o bien a través de un acto de comunicación pública ligado a algún medio que permita un acceso posterior. En consecuencia, la obra sigue siendo inédita cuando tan solo haya tenido lugar un acto de comunicación pública de naturaleza efímera.

V. DIVULGACIÓN LÍCITA DE LA OBRA COMO PRESUPUESTO

El art. 129, 1 del TRLPI reconoce derechos de explotación a la persona que «divulgue lícitamente» la obra inédita, mientras que el art. 4 de la Directiva habla de quien «publique lícitamente o comunique lícitamente al público» una obra que no haya sido publicada previamente. Se refieren de esta manera a las actuaciones que determinan el nacimiento de los derechos. En relación con estos preceptos interesa aclarar exactamente en qué consiste la publicación y la comunicación pública y cuándo se satisface el requisito de licitud previsto.

---

[78]   Recordemos el art. 8 de la Ley de 1879, que decía: «no es necesaria la publicación de las obras para que la ley ampare la propiedad intelectual. Nadie por tanto tiene derecho a publicar sin permiso del autor una producción científica, literaria o artística que se haya estenografiado, anotado o copiado durante su lectura, ejecución o exposición pública o privada, así como tampoco las explicaciones orales».

1. Acceso a la obra que satisfaga razonablemente las necesidades del público

Para saber qué tipo de actos de divulgación de la obra determinan el nacimiento del derecho conexo del art. 129, 1 del TRLPI, conviene recordar que en principio la divulgación se produce con cualquier forma de expresión de la obra que la haga accesible por primera vez al público (art. 4 TRLPI). Se trataría de la primera ocasión en la que la obra se pusiera al alcance de la ciudadanía, aunque a efectos del art. 129, 1 del TRLPI ya hemos visto que puede considerarse «obra inédita» además de la que nunca se publicó ni comunicó al público, la que se dio a conocer públicamente en el pasado de manera que no quede ningún registro que permita el acceso más allá de aquel momento puntual. Por lo que la divulgación, como la primera vez en la que la creación se pone en circulación, en tal caso no tendría carácter absoluto.

Señalado lo cual, se plantea la cuestión de resolver si los actos de divulgación a través de la publicación o la comunicación pública, que determinarían el nacimiento del derecho conexo, deben entenderse del mismo modo en el que se han interpretado para saber cuándo la obra es inédita. Lo que en definitiva lleva a preguntarse si la comunicación pública de la que nace el derecho tiene lugar por cualquier acto por el que un público acceda a la obra sin distribución de ejemplares, o si queda excluida la comunicación que se produce de manera efímera. Mientras que no se plantean dudas, sin embargo, sobre la interpretación de lo que sea publicación.

Pues bien, en cuanto al modo en el que se puede sacar a la luz la «obra inédita» para su conocimiento general cuando ya han expirado los derechos de autor, la Directiva recoge como mecanismos posibles la publicación o la comunicación al público. De las formas de explotación de una obra estas son las vías que permiten ponerla en circulación. En efecto, la divulgación se consigue a través de la publicación, que tiene lugar con la obtención de ejemplares en soporte tangible y su distribución al público, y con la comunicación pública, que permite disfrutar de la obra a un colectivo suficientemente relevante de personas sin previa distribución de copias. La sola reproducción no sería suficiente y tampoco la sola transformación, porque la obra no se estaría dando a conocer fuera del ámbito privado de la persona que efectuara la copia o la transformación. Pensemos en algún ejemplo como puede ser la pintura realizada copiando el cuadro de un maestro de la antigüedad, el positivado fotográfico de un negativo o la transcripción de unas cartas manuscritas. Si estas actuaciones quedaran ahí y no trascendiera el resultado no podría hablarse de divulgación. Lo mismo sucedería con la sola distribución mediante venta, donación, préstamo o a través de otra vía de un original o ejemplar único. Pasaría, por ejemplo, con la venta a un particular de una partitura manuscrita, un cuadro o una escultura. En este supuesto si el adquirente no permitiera el acceso a ese ejemplar único a un público suficiente, como puede ser en una exposición permanente en un museo o a través de la difusión de imágenes en medios de comunicación, tampoco podría hablarse de divulgación a efectos del art. 129, 1 del TRLPI.

Para el concepto de publicación la doctrina extranjera tiene en cuenta que el art. 4 de la Directiva ha adoptado la terminología del Convenio de Berna [79] y entiende que debe

---

[79]   Literalmente el art. 3, 3 del Convenio de Berna dice: «Se entiende por "obras publicadas", las que han sido editadas con el consentimiento de sus autores, cualquiera que sea el modo de fabricación de los ejemplares, siempre que la cantidad de éstos puesta a disposición del público satisfaga razonablemente sus necesidades, estimadas de acuerdo con la índole de la obra. No constituyen publicación la representación de una obra dramática, dramático-musical o cinematográfica, la ejecución de

interpretarse según la norma convencional [80]. Lo que para nuestro Derecho no plantea problema alguno dado que el art. 4 del TRLPI se redacta en términos parecidos al art. 3, 3 del Convenio de Berna. De manera que se produciría la publicación, y surgiría el derecho conexo previsto en el art. 129, 1 del TRLPI, cuando la puesta en circulación de la obra para el público se realizara poniendo a su disposición un número de ejemplares que satisficiera razonablemente sus necesidades estimadas de acuerdo con su naturaleza y finalidad. De este modo se cumple con los fines de la Ley porque se pone en conocimiento de la ciudadanía y a su alcance una obra a la que de otra forma no podría acceder.

Sin embargo, con la comunicación pública que permite disfrutar de la obra a una pluralidad de personas sin previa distribución de ejemplares (art. 20, 1 TRLPI) cabe dudar de que la finalidad del art. 129, 1 del TRLPI se alcance exactamente en todos los casos. En la actualidad, contando con la velocidad a la que circula la información no hay problema en entender que la obra se pone a disposición de la sociedad cumpliendo con la finalidad del precepto en la mayoría de los supuestos y especialmente cuando la modalidad elegida garantiza el acceso permanente, como sucede por lo general con la puesta a disposición por procedimientos alámbricos o inalámbricos, de forma que cualquier persona pueda acceder a la creación desde el lugar y en el momento que elija (art. 20, 2, i) TRLPI); pero podría no conseguirse en los supuestos en que se realice una representación escénica o musical en vivo (art. 20, 2, a) TRLPI) o una exposición breve de obras plásticas (art.

---

una obra musical, la recitación pública de una obra literaria, la transmisión o radiodifusión de las obras literarias o artísticas, la exposición de una obra de arte ni la construcción de una obra arquitectónica».

[80] GÖTTING, Horst-Peter/ LAUBER-RÖNSBERG, Anne, *op. cit.*, p. 28.

20, 2, h) TRLPI) si no se dan las condiciones necesarias [81]. Se trata de dos situaciones completamente diferentes: en el primer supuesto las obras circulan en el mercado, como pasa cuando se editan partituras de una música que se da a conocer en un teatro o si unas cartas manuscritas se ponen a disposición pública en internet; mientras que en el segundo caso podrían mostrarse las obras a un público sin garantizar que este, ni otras personas, puedan volver a disfrutar de ellas, como sucede cuando únicamente se leen las cartas originales de un autor o se interpreta una obra teatral en una sala pero no hay ejemplares disponibles.

Pues bien, aunque los supuestos de comunicación pública en que un grupo amplio de personas tenga acceso a una obra por una sola vez, sin que después quede rastro, sean raros, en hipótesis pueden producirse y hay que resolver si las personas que divulgan las obras en dominio público de esta manera adquieren los derechos a los que se refiere el art. 129, 1 del TRLPI. Pensemos en el descendiente de un autor cuya obra ha entrado en dominio público que lee sus cartas en un teatro, o interpreta al piano su música inédita, sin autorizar grabaciones, o bien en la exhibición de una pintura antigua por el propietario durante unos pocos días impidiendo cualquier captación de la imagen. Técnicamente hay comunicación pública porque puede haber asistido al acto un colectivo numeroso de personas, pero no parece que se satisfaga la finalidad de la Ley si no se permite un nuevo acceso. ¿Qué sucede si a pesar de las dificultades alguien del público consigue transcribir algunas de las cartas y las difunde por internet? ¿Qué pasa si una persona publica la grabación de la música

---

[81]   LANGER, Eva, *op. cit.*, p. 163, entiende que la comunicación pública es realmente fugaz solo en casos raros excepcionales y que este tipo de puesta a disposición para el público en general es tan valioso como publicar la obra en forma de libro.

o la fotografía de la pintura que ha realizado sin la autorización del propietario del ejemplar? ¿El familiar del autor que dio a conocer las obras está legitimado para perseguir tales actuaciones como titular del derecho conexo? ¿Se habría cumplido con la finalidad de la Ley al conocer la sociedad la existencia de las obras, aunque estuviera vetado el acceso después de su comunicación pública?

Como ya se sabe el art. 4 de la Directiva considera que el derecho conexo nace para quien «publique lícitamente o comunique lícitamente al público por primera vez una obra que no haya sido publicada previamente». Dice Michele Bertani que de esta manera se trata de forma diferente la comunicación pública estando vigente el derecho de autor que la que acontece después de entrar la obra en dominio público. La primera no serviría para conseguir la divulgación de la obra, mientras que con la comunicación pública posterior se presume que la obra llega al público y va a permanecer entre este. Menciona el autor que el trato desigual estaría justificado porque la comunicación pública posterior por lo general va ligada a actos de publicación, y pone ejemplos como la representación escénica de obras teatrales o la ejecución musical unidas a la distribución de fonogramas o productos audiovisuales, y las exposiciones públicas de pintura acompañadas de catálogos de las pinacotecas o museos [82]. Siguiendo la interpretación de Michele Bertani se entiende que el legislador europeo de 1993 tratara diferente la comunicación pública de las obras antes de su entrada en dominio público y la que pudiera producirse después, porque en el momento de aprobarse la Directiva (años 90) se estaría hablando de obras cuya entrada en dominio público tuvo lugar a principios del siglo XX o antes. De modo que con los medios de comienzos

---

[82] BERTANI, Michele, *op. cit.*, p. 159.

del siglo XX o anteriores la sola comunicación pública normalmente no garantizaría el acceso a las obras, mientras que la comunicación pública después, amparada con la tecnología que permite grabar y obtener copias, podría considerarse una de las formas en que las creaciones se introducen en el mercado y se ponen en circulación.

Por esta razón, si únicamente se atiende a la letra del art. 4 de la Directiva, habrá que presumir que con cualquier acto de comunicación pública de una obra inédita en dominio público se inicia el proceso de puesta en circulación, y con ello se da cumplimiento a los requisitos del supuesto de hecho que determinan el nacimiento del derecho conexo. Sin embargo, en mi opinión, habría que tratar de otra forma los casos particulares en que tuviera lugar la comunicación al público en unas circunstancias en que la obra dejara de estar accesible en el momento mismo en que el acto concluyera, acompañada dicha comunicación de hechos que evidenciaran que la obra se va a retirar de circulación, porque no se estaría cumpliendo con el fin que justifica la generación de un nuevo derecho. Recuérdese que la finalidad de la norma europea, igual que la del art. 129, 1 del TRLPI y sus precedentes, consiste en proteger el interés general de acceso a las obras.

En consecuencia, siguiendo el criterio teleológico cabe interpretar que la comunicación pública que da lugar al nacimiento del derecho conexo es aquella que permite el acceso a las obras de forma permanente. De manera que habría que responder a las preguntas anteriores diciendo que poner en conocimiento de la sociedad las obras inéditas a través de un acto de comunicación efímero, vetando el acceso posterior al público, no satisface la finalidad de la Ley. Que no nacería el derecho que prevé el art. 129, 1 del TRLPI para el propietario del ejemplar que diera a conocer la obra de este modo. La obra seguiría considerándose inédita a estos efectos, pero el propietario del ejemplar que actuó así podría conseguir el reconocimiento del derecho conexo con la publicación posterior o a través de un nuevo acto de comunicación pública que garantizara el acceso a la ciudadanía de forma permanente. Por su parte, la persona que hubiera grabado o fijado de otro modo la obra, en contra de las condiciones establecidas para el acceso al acto público de presentación de esta, que después la pusiera a disposición de la ciudadanía, tampoco podría considerarse titular del derecho conexo porque no cumpliría el requisito de licitud, el cual se examina a continuación.

2. El requisito de licitud

Lo que deba entenderse por una divulgación lícita, o por una publicación o comunicación lícitas siguiendo la terminología del art. 4 de la Directiva, de nuevo plantea incertidumbres. Cuando los autores y autoras están vivos se entiende que el ejercicio de estos derechos es lícito si se hace con su consentimiento. Pero otra cosa sucede una vez que ya no están. En nuestra Ley durante 70 años quedan legitimadas para ejercer el derecho de divulgación determinadas personas, que deberán otorgar su consentimiento para que la divulgación sea lícita, pero una vez que la obra entra en dominio público no es fácil dar respuesta a esta cuestión porque cualquiera puede divulgarla sin necesidad de autorización. De hecho, en los antecedentes legislativos del precepto no se incluía este requisito y directamente se otorgaba el derecho conexo a los editores de obras inéditas (art. 2, 4 de la Ley de 1879 y art. 119, 1 de la Ley de 1987). Tampoco aparecía el requisito de licitud en los antecedentes del precepto homólogo en el Derecho alemán [83].

---

[83]   Puede contrastarse en LANGER, Eva, *op. cit.*, p. 40 y GÖTTING, Horst-Peter/LAUBER-RÖNSBERG, Anne, *op. cit.*, p. 17.

Tiene lógica que, no habiendo titular del derecho de divulgación al que pedir el consentimiento para sacar la obra a la luz, la licitud no se incluya como condición en los preceptos que reconocen derechos a los divulgadores de obras inéditas en dominio público. Entonces, ¿por qué aparece el requisito de licitud en la Directiva y en el art. 129, 1 del TRLPI al hacerse la transposición?

La introducción de tal condición en la Directiva podría deberse a que en países como Francia o Italia el derecho a decidir sobre la divulgación se atribuye a determinadas personas sin límite de tiempo. Es decir, cuando la obra está en dominio público sigue habiendo personas legitimadas para el ejercicio del derecho de divulgación y el legislador europeo tenía que contar con ello. Así, en Francia después de la muerte del autor el derecho de divulgación de sus obras es ejercido durante toda su vida por el albacea o albaceas designados por este. En su ausencia, o después de su muerte, y salvo que el autor desee lo contrario, el derecho se ejerce en orden por los descendientes, por el cónyuge sin que medie sentencia firme de separación legal siempre que no haya contraído nuevo matrimonio, por los herederos distintos de los descendientes de todo o parte del patrimonio y por los legatarios o donatarios universales. Este permanece vigente después de la expiración de los derechos de explotación (art. L. 121, 2 CPI) [84]. En Italia

---

[84]   El art. L. 121, 2 CPI señala de forma literal: «L'auteur a seul le droit de divulguer son oeuvre. Sous réserve des dispositions de l'article L.132-24, il détermine le procédé de divulgation et fixe les conditions de celle-ci. Après sa mort, le droit de divulgation de ses oeuvres posthumes est exercé leur vie durant par le ou les exécuteurs testamentaires désignés par l'auteur. A leur défaut, ou après leur décès, et sauf volonté contraire de l'auteur, ce droit est exercé dans l'ordre suivant: par les descendants, par le conjoint contre lequel n'existe pas un jugement passé en force de chose jugée de séparation de corps ou qui n'a pas contracté un nouveau mariage, par les héritiers autres que les descendants qui recueillent tout

sucede algo parecido y se reconoce el derecho a publicar obras inéditas a los herederos del autor o a los legatarios de las obras, salvo que el creador haya prohibido expresamente la publicación o la haya confiado a terceros. Estas personas son las que han de dar el consentimiento para que la divulgación se considere lícita incluso cuando hayan expirado los derechos de explotación (art. 24 LDA [85]).

Teniendo en cuenta la legislación de estos países ciertamente cobra sentido que la Directiva al reconocer derechos por publicar o comunicar al público por primera vez obras inéditas exija que se realice de forma lícita. De modo que se trataría de actuar con el consentimiento de las personas legitimadas para autorizar la divulgación de las obras que aún no han salido a la luz una vez expirada la protección por los derechos de autor. Siguiendo con esta argumentación, en países como España o Alemania podría considerarse que la incorporación del requisito procedente de la Directiva no haría falta e incluso que podría tratarse de un error, como en algún momento han señalado algunos especialistas alemanes [86]. Sin embargo, el precepto de la

---

ou partie de la succession et par les légataires universels ou donataires de l'universalité des biens à venir. Ce droit peut s'exercer même après l'expiration du droit exclusif d'exploitation déterminé à l'article L.123-1».

[85]   Textualmente el art. 24 LDA dice: «Il diritto di pubblicare le opere inedite spetta agli eredi dell'autore o ai legatari delle opere stesse, salvo che l'autore abbia espressamente vietata la pubblicazione o l'abbia affidata ad altri. Qualora l'autore abbia fissato un termine per la pubblicazione, le opere inedite non possono essere pubblicate prima della sua scadenza. Quando le persone indicate nel primo comma siano più e vi sia tra loro dissenso, decide l'autorità giudiziaria, sentito il Pubblico Ministero. È rispettata, in ogni caso, la volontà del defunto, quando risulti da scritto. Sono applicabili a queste opere le disposizioni contenute nella sezione seconda del capo secondo del titolo terzo».

[86]   En este sentido GÖTTING, Horst-Peter/ LAUBER-RÖNSBERG, Anne, op. cit., p. 56, mencionan a WALTER y así mismo a FROMM, NORDEMANN y HERTIN.

Ley italiana dejando a salvo los derechos morales incluye además el requisito de licitud [87], y en la escasa jurisprudencia que conocemos esta exigencia en ocasiones aparece ligada a otras cuestiones. Así la sentencia alemana de 2003 sobre el Disco celeste de Nebra [88], que en este caso concreto considera al propietario del objeto como el legitimado para decidir sobre la divulgación de la obra.

En nuestro país si se aborda el TRLPI de forma sistemática se observa que en la mayoría de los preceptos la licitud de las actuaciones equivale a que se realicen con el consentimiento o autorización del titular de los derechos de propiedad intelectual. Este es el significado que tiene en relación con la divulgación en los artículos 27, 1; 28, 2; 30; 98, 2 y 125. Se entiende del mismo modo para la publicación y la comunicación pública referidas a los artistas intérpretes o ejecutantes y a los productores de fonogramas en los artículos 110 bis, 112 y 119, incorporándose esta terminología con la transposición de la Directiva de 1993. De otro modo en el art. 31, 1 del TRLPI, sobre reproducción provisional, se entiende por utilización lícita «la autorizada por el autor o por la Ley».

Pues bien, en el contexto del art. 129, 1 del TRLPI no tiene sentido interpretar que el requisito de licitud se cumple cuando las actuaciones que llevan a la divulgación de la obra en dominio público se realizan con el consentimiento

---

[87]   Ver nota n.º 74.

[88]   En julio de 1999, se encontró en Sajonia-Anhalt un disco de bronce con un peso de cerca de dos kilogramos y un diámetro de 32 centímetros. El hallazgo se produjo Mittelberg, cerca de Nebra, en una muralla en forma de anillo. Se trata de una pieza de bronce recubierta de oro con motivos como el sol, la luna y las estrellas. Tiene una edad estimada de 3600 años y se considera una representación única del cosmos en la Europa prehistórica. Las dos personas que encontraron el disco intentaron venderlo en Berlín, Munich y Suiza hasta que la policía logró recuperarlo en febrero de 2002 y fue a parar a la Oficina Estatal de Arqueología.

de los titulares porque, como ya se ha observado, no existen titulares de derechos de propiedad intelectual una vez que las obras han entrado en el dominio público. Sin embargo, la interpretación que deba darse al concepto de licitud encaja mejor con el sentido más amplio que recibe en el art. 31, 1 in fine [89]. Es decir, para que la divulgación sea lícita deberá realizarse respetando la Ley y por tanto no solo el TRLPI sino también el resto del ordenamiento jurídico.

Esa es la manera en que lo entiende también la doctrina italiana. Entre sus juristas Michele Bertani ofrece una serie de ejemplos muy ilustrativos de ilicitud en las actuaciones que llevan a la divulgación. Así propone como supuestos hipotéticos el del investigador o el editor, al que el propietario autoriza a ver o copiar un documento inédito con la condición de no divulgarlo, pero que se publica; el de la persona asalariada que incumple su obligación de confidencialidad respecto de la obra inédita que su empresa iba a publicar, anticipándose a ello; o el hurto de un ejemplar de la obra inédita que se utiliza para su divulgación [90]. Por su parte Flavia Ascani comenta una sentencia a propósito de un autor del siglo XIX (Giovanni Secco Suardo) del que su heredero guardaba una colección

---

[89]   El precepto proviene del art. 5, 1 de la Directiva 2001/29/CE, relativa a la armonización de determinados aspectos de los derechos de autor y derecho afines a los derechos de autor en la sociedad de la información, que decía: «1. Los actos de reproducción provisional a que se refiere el artículo 2, que sean transitorios o accesorios y formen parte integrante y esencial de un proceso tecnológico y cuya única finalidad consista en facilitar: a) una transmisión en una red entre terceras partes por un intermediario, o b) una utilización lícita, de una obra o prestación protegidas, y que no tengan por sí mismos una significación económica independiente, estarán exentos del derecho de reproducción contemplado en el artículo 2».

[90]   BERTANI, Michele, *op., cit.*, pp. 160 y 161. También, ZENO-ZENCOVICH, Vincenzo, *La protezione dell'editio princeps*, AIDA, 1998, 5, p. 10.

de recetas de cocina inéditas con alto valor literario. Según cuenta, el sobrino de Giovanni Secco Suardo había dado acceso al archivo familiar a una profesora experta en el autor, permitiendo las transcripciones y fotocopias con un único propósito de estudio y con un compromiso de confidencialidad. Abusando de su ingenuidad un editor consiguió el material obtenido por la profesora. Pidió autorización a los herederos para publicarlo, pero estos se negaron. No obstante, el editor llevó a cabo la publicación igualmente [91].

Estos ejemplos de infracciones, tanto del Derecho privado como del público, permiten comprender que habrá situaciones en las que la divulgación se produzca trasgrediendo el ordenamiento jurídico sin atentar directamente a los preceptos del TRLPI, y que en relación con ellas tiene sentido la exigencia de licitud prevista en el art. 129, 1. De manera que el requisito de licitud conecta con los principios generales del Derecho y así queda claro que no puede premiarse con el reconocimiento de un derecho a quien actúa contra los dictados más elementales de nuestro sistema normativo. Especialmente si se tiene en cuenta que la Ley no ampara el abuso del derecho o su ejercicio antisocial, que se consideran nulos los actos contrarios a las normas imperativas o prohibitivas, y que se exige que los derechos se ejerciten conforme a los dictados de la buena fe.

En definitiva procede interpretar la licitud de la divulgación de la obra inédita como la que está permitida por la Ley o como la que respeta la Ley. Esto significa que para que nazca el derecho conexo del art. 129, 1 del TRLPI el divulgador deberá publicar o comunicar la obra al público respetando tanto el TRLPI como el resto del

---

[91]   Ascani, Flavia, *La pubblicazione dell'opera postuma inedita e i diritti degli eredi*, *Trib. Ferrara 5 giugno 2000*, Il Diritto di Autore, 2001, p. 489 y ss.

Ordenamiento jurídico. Especialmente si se pone el punto de mira en el TRLPI hay que tener en cuenta que el art. 41 exige que cualquier utilización de una obra en dominio público se realice con respeto a los derechos morales de autoría e integridad en los términos del art. 14, 3 y 4. Esto quiere decir que, para que la divulgación de la obra inédita a la que se refiere el art. 129, 1 del TRLPI pueda considerarse lícita, la publicación o la comunicación con la que se ponga a disposición del público deberá hacerse respetando su autoría e integridad. Por lo que en los ejemplares que se distribuyan o en los actos de comunicación pública que se realicen deberá identificarse adecuadamente la obra y la autoría [92].

Señalado lo anterior, ahora interesa preguntase por el cumplimiento del requisito de licitud en relación con el derecho de propiedad sobre el ejemplar material de la obra inédita, siendo la persona que posee este la que puede facilitar o impedir el acceso que es necesario para realizar actos de publicación o comunicación pública, al menos desde un punto de vista físico.

3. El papel del propietario de la obra inédita

Como ya se ha observado, salvo que el dueño del ejemplar de la obra inédita en dominio público sea el que tenga la iniciativa y tome las medidas que permitan la divulgación, para llevar a cabo la publicación o comunicación pública hace falta que el propietario permita el acceso a la obra. En relación con su derecho procede analizar si el requisito de licitud a efectos del art. 129, 1 del TRLPI exige únicamente acceder a la obra con su permiso, como sucede cuando el usuario de una biblioteca obtiene una

---

[92]   Ver el apartado IX de este trabajo en relación con los derechos morales de paternidad e integridad.

copia de un manuscrito con fines de investigación, o si además hace falta el consentimiento del propietario para realizar los actos de divulgación a través de la publicación o comunicación pública. Imaginemos que se trata de las obras musicales inéditas que están depositadas en los archivos públicos y privados o de pinturas pertenecientes a colecciones privadas. Podría tratarse, por ejemplo, de las numerosas partituras inéditas del compositor Antonio José Martínez Palacios que han sido custodiadas por su familia durante mucho tiempo y otras que han ido apareciendo en archivos como el Fondo Subirá de la Biblioteca Nacional de Catalunya. Los familiares o los archivos pueden ocuparse de la divulgación de estas obras, pero también cabe que los investigadores u otras personas sean los que tengan la iniciativa y tomen las medidas para la publicación o comunicación al público. En el último caso los sujetos interesados en la divulgación deberán conseguir que los familiares o los archivos les permitan el acceso a las partituras manuscritas que poseen, y la pregunta a la que hay que responder entonces es la siguiente: ¿para que nazca el derecho conexo en favor de los divulgadores hace falta que la familia del compositor o el archivo autorice la publicación o la comunicación pública, o bastaría con que estos hubieran facilitado el acceso a las obras permitiendo la obtención de una copia?.

En relación con esta cuestión son interesantes los casos en los que las instituciones culturales propietarias de obras en dominio público se enfrentan a quienes han utilizado fotografías de estas creaciones, por hacerlo sin contar con su autorización, aunque no se trate de obras inéditas [93]. Por su parte, uno de los casos sobre el Disco

---

[93]   Entre otros, es conocido el caso en el que la National Portrait Gallery de Londres se enfrenó a un ciudadano estadounidense en 2009 por subir a Wikipedia Commons miles de imágenes de obras en dominio

celeste de Nebra, que ya se ha mencionado, se refiere a una obra inédita en dominio público y a su propietario. Se trata del que resuelve el tribunal de Magdeburg en 2003. En su sentencia no se reconoce la titularidad del derecho conexo a los descubridores que intentaron su venta de forma ilegal, ni a los periodistas que mostraron la imagen de la pieza en revistas, sino al titular de la propiedad ordinaria, que es el Estado de Sajonia Anhal. Se considera que este estado alemán adquirió los derechos de propiedad intelectual reconocidos en el § 71 UrhG en la fecha en que presentó el Disco celeste de Nebra en una conferencia de prensa con distribución de imágenes a través de un comunicado y un CD-Rom que puso a disposición de los presentes. Tuvo lugar el 25 de septiembre de 2002, aunque en febrero una revista y un periódico (Focus y Basler Zeitung) habían publicado fotografías del disco. Incluso la fiscalía también había difundido un mensaje en internet en el que se presentaron dos fotografías. En relación con esto la sentencia explica que el requisito de licitud exigido por el § 6 UrhG para la divulgación se refiere al consentimiento del autor

---

público realizadas por el propio museo, aunque no llegó a los tribunales. Sobre este caso y algún otro consultar el interesante trabajo de PETRI, Grischka, *The Public Domain vs. the Museum: The Limits of Copyright and Reproductions of Two-dimensional Works of Art,* Journal of Conservation and Museum Studies, 12(1): 8, 2014, pp.1 a 12. Disponible en http://eprints.gla.ac.uk/96570/1/96570.pdf.

Más cercano en el tiempo es el caso REM, al que me referiré más adelante. En este último, el Museo Reiss-Engelhorn de Mannheim (REM) demandó a un fotógrafo que había subido a Wikimedia Commons fotografías de cuadros en dominio público de los que era propietaria la institución cultural. Parte de las imágenes las había obtenido escaneado del catálogo del REM y otra parte fueron captadas por él en una visita a la institución. Se puede acceder a la sentencia del Tribunal federal alemán que resuelve el caso en 2018 en https://juris.bundesgerichtshof.de/cgi-bin/rechtsprechung/document.py?Gericht=bgh&Art=en&Datum=Aktuell&Sort=12288&nr=92142&pos=15&anz=527

o de su sucesor legal, pero dado que el § 71 UrhG precisa que la protección de los derechos de autor haya expirado o que nunca haya existido, la persona autorizada debe determinarse teniendo en cuenta el significado y el propósito de la disposición mencionada. Como el precepto tiene por objeto reconocer y premiar a quien encuentra una obra póstuma, descubre su valor y la publica, esto es lo que justifica que sea el propietario de la obra el beneficiario en el sentido del § 71 UrhG. En consecuencia, en la sentencia se dice que quien tiene más derecho sobre la obra junto al autor es su propietario. A lo que se añade que, si el autor o su sucesor legal no existe ya, la única persona que puede influir legítimamente en la obra y decidir qué hacer con ella es el propietario [94].

Esta sentencia de instancia se ha criticado por la doctrina y entre otras cosas se ha dicho de ella que el tribunal confunde la cuestión del «consentimiento» con la de quien debe convertirse en titular del derecho [95], y que si el legislador hubiera pretendido dar un sentido amplio al requisito de licitud lo habría reflejado expresamente [96]. Ahora resulta útil para valorar si la interpretación que ofrece tiene sentido en nuestro Derecho, y si procede o no interpretar que una divulgación lícita a efectos del art. 129, 1 del TRLPI requiere la autorización del propietario del ejemplar de la obra en dominio público, que se puede suponer que es único o uno de los pocos que existen dado que se trata de una creación inédita.

---

[94]   Para ver el acceso a la sentencia del Tribunal de Magdeburg de 16 de octubre de 2003, consultar nota n.º 62.

[95]   LANGER, Eva, *op. cit.*, p. 144.

[96]   GRAF, Klaus, *Rechtsprobleme um die Editio princeps (§ 71 UrhG).* Disponible en Rechtsprobleme um die Editio princeps (§ 71 UrhG) – Archivalia (hypotheses.org).

En nuestro ordenamiento jurídico, según el art. 348 del Código civil el titular de la propiedad ordinaria tiene el derecho de gozar y disponer de la cosa sin más limitaciones que las establecidas en las leyes, y por ello el dueño del ejemplar de una obra inédita, como una partitura o una pintura, ostenta el control sobre el uso del objeto físico (el manuscrito o el cuadro). Sin embargo, por el solo hecho de ser el propietario ordinario del ejemplar de una obra no le corresponden derechos de propiedad intelectual sobre esta como bien inmaterial (art. 56, 1 TRLPI). Este principio se contradice si se interpreta que para que la divulgación sea lícita se necesita el consentimiento del propietario de la obra inédita en dominio público, pues se estarían reconociendo derechos de propiedad intelectual al simple propietario, dado que este podría autorizar o prohibir la divulgación a través de las correspondientes modalidades de explotación. Además, se le estaría otorgando un control sobre la explotación de la creación contrario al principio de libre uso de las obras en dominio público (art. 41 TRLPI). Otra cosa es que el propietario material del ejemplar, un familiar del compositor de la música, por ejemplo, no permita el acceso a ese objeto. En principio puede negarse a ello porque, como ya se ha dicho, tiene derecho a disfrutar y a disponer de los objetos de su propiedad sin más limitaciones que las establecidas por las Leyes. Sin embargo, esa negativa deberá tener alguna justificación porque impedir el acceso a la ciudadanía a la obra de forma injustificada podría constituir un abuso del derecho, como se explica en el próximo apartado.

En consecuencia, el propietario de un ejemplar de la obra en dominio público no podría impedir la divulgación que da lugar al nacimiento del derecho conexo siempre que el acceso a la misma se haya realizado respetando su propiedad, como por ejemplo si él mismo autorizó la realización de una copia con fines de investigación o si la

divulgación tuvo lugar a partir de otro ejemplar aparecido
en otra parte. En este sentido estoy de acuerdo con el punto de vista de Horst-Peter Götting y Anne Lauber-Rönsberg para los que hacer una copia de un manuscrito en
una biblioteca con fines de investigación sin infringir la
ley y luego publicarla sin solicitar el consentimiento de la
institución cultural sería lícito porque no viola los derechos
de propiedad de la biblioteca [97]. Para estos autores, aunque
no haya una jurisprudencia definitiva que lo refrende, hay
que entender que el derecho de propiedad ordinaria no
otorga poder para prohibir la publicación, distribución o
comunicación pública de las obras inéditas en dominio
público incluso si se hace con fines comerciales [98].

Por otra parte, no comparto la opinión de Eva Langer,
que considera necesario el consentimiento del propietario
del ejemplar para la publicación o comunicación pública
de la obra, de manera que sin su autorización no surgiría
la protección prevista en el precepto equivalente a nuestro
129, 1 del TRLPI (§ 71 UrhG) aunque el acceso hubiera
sido respetuoso con su derecho. La autora llega a esta
conclusión porque según dice no tener el permiso del
propietario contradeciría la finalidad del precepto, que es
dar acceso público a las obras. Lo explica diciendo que,
si una biblioteca permite a un científico acceder a una
obra inédita con fines de investigación, y esta se publica
o comunica al público, el derecho que tiene el divulgador
durante 25 años puede interferir en el uso del ejemplar incluso para la propia institución [99]. Sin embargo, aunque es
cierto que una publicación u otra explotación por parte de
la biblioteca ya no sería posible sin autorización del titular

---

[97]   GÖTTING, Horst-Peter/ LAUBER-RÖNSBERG, Anne, *op. cit.*,
p. 56.
[98]   *Ibidem*, p. 88.
[99]   LANGER, Eva, *op. cit.*, p. 145.

del derecho conexo, la biblioteca podría seguir haciendo copias con fines de conservación, investigación o prestar el ejemplar, porque lo permiten los límites a los derechos de propiedad intelectual; y la finalidad del precepto se cumpliría, ya que la obra sería accesible al público en general una vez divulgada.

Por lo tanto, según la interpretación que mantengo, para que una divulgación pueda considerarse lícita a efectos del artículo 129, 1 del TRLPI hace falta que el acceso al ejemplar de la obra inédita en dominio público haya tenido lugar con respeto al derecho de propiedad del dueño, sin embargo no sería necesario contar con el consentimiento de este para llevar a cabo la publicación o la comunicación pública que determina el nacimiento del derecho conexo. Lamentablemente no contamos con jurisprudencia en nuestro país que se pronuncie sobre estas cuestiones. La única resolución que aborda el tema de la publicación de obras inéditas en el dominio público es la sentencia del Juzgado de lo mercantil de Madrid, de 14 de julio de 2014, sobre el caso «De una Corte a otra».

El conflicto se produjo en relación con la publicación de un conjunto de 537 cartas escritas por el rey Felipe V a su hija María Teresa de Borbón y Farnesio entre 1744 y 1745 durante su estancia en la corte de París como Delfina de Francia. Para poder acceder a estas misivas que se encuentran en el archivo privado del Château de Thoiry (Yvelines), Patrimonio Nacional suscribió un convenio de colaboración con el propietario. Una vez publicado el libro que incorpora la transcripción exacta de las cartas inéditas y las correlativas de María Teresa de Borbón y Farnesio a su padre, provenientes del Archivo Histórico Nacional, el dueño presentó una demanda alegando que se habían utilizado de forma ilícita, siendo el poseedor de los derechos de explotación a su parecer. Sin embargo, la sentencia se centra en el incumplimiento de una condición temporal del contrato en el que se apoya la demanda y no aborda cuándo la divulgación es ilícita. Además, no se plantea la necesidad de estudiar si la divulgación permite el nacimiento de los derechos cuando tan solo se ha autorizado el acceso a los ejemplares porque el convenio también autorizaba la publicación. Concretamente el convenio de colaboración entre Patrimonio Nacional y el castillo de Thoiry tenía por objeto facilitar el examen y utilización del epistolario del rey Felipe V autorizando a la institución cultural a publicar las cartas.

Pues bien, aunque en la sentencia sobre el caso «De una corte a otra» ni se afirma ni se niega que el propietario de los ejemplares pueda prohibir la divulgación de las obras a las que facilitó el acceso, pienso que la jurisprudencia europea sobre la utilización de imágenes de obras cuyos derechos han expirado se va orientando en la dirección de una utilización libre de las creaciones en dominio público. Y esto significa que para la utilización de las obras debe respetarse el derecho del propietario del ejemplar material en el momento de acceso a las mismas, pudiendo este establecer condiciones, pero no se requiere su consentimiento más allá de las estipulaciones del contrato. De manera que cualquiera que acceda lícitamente a una copia de una obra en dominio público podrá hacer un uso libre sin requerir autorización del propietario del original para su utilización. En este sentido cabe mencionar la sentencia de 2018 sobre el caso REM, en la que se resuelve el conflicto en favor de los museos por haberse producido un incumplimiento contractual. En ella se señala que el demandado había violado su contrato con el museo tomando fotografías no permitidas que se subieron a internet, por lo que debía una indemnización por daños y perjuicios al demandante, pero no se hace valer el derecho de propiedad de los museos [100].

En mi opinión la sentencia permite entender que, si bien el uso solo es lícito respetando las condiciones de acceso establecidas contractualmente, no haría falta el consentimiento del museo para usar la imagen de una obra de sus fondos en dominio público que se hubiera obtenido de otra fuente lícita. De esta manera se garantiza el libre acceso a las obras en dominio público. Finalidad que también está presente en el art. 14 de la Directiva sobre derechos de autor en el mercado único digital de 2019 [101], con el que se zanja la cuestión, también suscitada en el caso REM [102], de si los museos tienen derechos por las imágenes de sus obras en dominio público captadas por ellos, diciendo que «cuando haya expirado el plazo de protección de una obra de arte visual, cualquier material resultante de un acto de reproducción de dicha obra no está sujeto a derechos de autor o derechos afines, a menos que el material resultante de dicho acto de reproducción sea original en la medida en que sea una creación intelectual de su autor».

[100]   Ver al respecto ROSATI, Eleonora, *Digitized images of works in the public domain: what rights vest in them? Analysis of the recent BGH Reiss-Engelhorn judgment* - Part 1 (2019). Disponible en https://ipkitten.blogspot.com/2019/02/digitized-images-of-works-in-public.html.

[101]   Se trata de la Directiva 2019/790 del Parlamento europeo y del Consejo, de 17 de abril de 2019, sobre los derechos de autor y derechos afines en el mercado único digital y por la que se modifican las Directivas 96/9/CE y 2001/29/CE.

[102]   En relación con este caso puede verse ALADDA, *Fotografías de obras plásticas en el dominio público sentencia del TS alemán de 10/12/2018 (Caso Museumsfotos o caso REM)*, 2019. Disponible en https://aladda.es/fotografias-de-obras-plasticas-en-el-dominio-publico-sentencia-del-ts-aleman-de-20-12-2018-caso-museumsfotos-o-caso-rem.

En definitiva, para que se entienda que la divulgación se ha realizado lícitamente, el divulgador debe acceder al ejemplar respetando el derecho del propietario. Esto quiere decir que necesita la autorización del titular de la propiedad ordinaria para llegar hasta la obra, pero no significa que deba contar con su autorización para la divulgación, puesto que puede realizarse libremente una vez que se extinguen los derechos de explotación y la obra entra en dominio público (art. 41 TRLPI) [103]. En consecuencia, la publicación o la comunicación pública de la obra inédita en dominio público, que da lugar al nacimiento del derecho conexo del art. 129, 1 del TRLPI, podrá realizarse libremente y la divulgación será lícita siempre que, identificando la obra correctamente y no habiéndose vulnerado otras normas [104], el acceso al ejemplar correspondiente se haga respetando el derecho del propietario. En el mismo sentido cabe traer aquí las palabras de Rodrigo Bercovitz Rodríguez-Cano, para quien realizar la actividad de divulgación lícitamente «implica haber respetado el derecho de propiedad o titularidad sobre el soporte material original de la obra, esto es, contar con la autorización correspondiente para acceder a dicho original y utilizarlo. Lo que no debe confundirse con la autorización para su divulgación, puesto que, por definición eso no es necesario una vez extinguido el derecho de explotación del autor (art. 41, párr. 2.º, LPI)» [105].

---

[103]   En el mismo sentido Bercovitz Rodríguez-Cano, Rodrigo, *Comentario…*, *op. cit.*, 2017, p. 1776.

[104]   Ver el concepto de licitud en el apartado anterior de este trabajo.

[105]   *Ibidem*, p. 1776.

4. Negativa del propietario a dar acceso a la obra con fines de divulgación

Sabiendo que quien pretenda divulgar una obra en dominio público de la que sea propietaria otra persona precisa que esta autorice el acceso a la misma, se plantea ahora una cuestión ante su negativa; que es determinar si tiene el propietario la facultad de prohibir el acceso a la obra que se pretende divulgar sin que haya una razón que lo justifique. Recuérdese que se trata de obras en dominio público que pueden utilizarse por cualquiera siempre que se respete la autoría y la integridad de la obra (art. 41 TRLPI) y que, una vez que ha fallecido el autor o la autora, con la divulgación de la obra, además de satisfacerse el interés de los titulares de los derechos de explotación mientras siguen vigentes, se trata de proteger el interés público de acceso a la cultura sancionado en el art. 44 de nuestra norma fundamental (art. 40 TRLPI).

La problemática de la negativa a la divulgación se ha planteado ante los tribunales franceses cuando procede del titular del derecho, que en Francia tiene una duración ilimitada como se sabe [106]. No obstante, hay algún caso en el que la oposición no procede de los herederos u otros titulares del derecho de divulgación sino del propietario de la obra, como en el relativo a la pintora Hèléne Guinepied. Esta autora falleció en 1937 dejando como sucesor a su sobrino Paul Guinepied, quien murió sin herederos en 1995, sin que hubiera más familiares legitimados para ejercer el derecho de divulgación según la legislación francesa. Al final de la primera década de este siglo su obra fue redescubierta y se creó una asociación cuyo objeto era la adquisición, preservación y puesta en valor de las pinturas

---

[106]   Ver la regulación del derecho de divulgación en Francia en el apartado V.2. de este trabajo.

a través de actuaciones que permitieran dar a conocer a la pintora y honrar su memoria. Esta asociación, acompañada de un comisario, quiso organizar dos exposiciones sobre la obra de la artista en 2018 y 2019 en la ciudad de Sens. Sin embargo, no consiguieron el acceso a las pinturas que estaban en posesión de una mujer, pues esta se negó a prestarlas para la realización de la exposición pública. La asociación y el curador la demandaron ya que por su negativa había resultado imposible organizar estas dos exposiciones causándoles una perturbación a su parecer manifiestamente ilegal [107].

En situaciones como la descrita, hay que plantearse si nuestra legislación ampara que el propietario de las obras pueda negarse de forma injustificada a dar acceso a estas para llevar a cabo su divulgación, o en otro sentido si permite actuar contra quien opere de tal manera exigiendo que permita la puesta a disposición del público. Acudiendo a la Constitución y al Código civil tanto la una como el otro determinan que el contenido del derecho de propiedad queda delimitado conforme a lo establecido en las leyes. Así el art. 33, 2 de la Constitución señala que «la función social de estos derechos delimitará su contenido, de acuerdo con las leyes» [108] y el art. 348, primer párrafo del Código civil dice que «la propiedad es el derecho de gozar y disponer de una cosa, sin más limitaciones que las

[107]   En la sentencia, de 27 de noviembre de 2019, del Tribunal de Casación francés (sala de lo civil 1.ª), sobre el caso de Hèléne Guinepied, en aplicación del art. 121-3 del CPI, se interpreta que, no habiendo herederos titulares del derecho de divulgación, una asociación puede dirigirse a los tribunales para conseguir medidas frente a un ejercicio abusivo del derecho. Puede consultarse la sentencia en https://www.legifrance.gouv.fr/juri/id/JURITEXT000039465707.

[108]   Sobre la función social de la propiedad (art. 33, 2 C.E.) en relación con los bienes culturales y la propiedad intelectual ver ANGUITA VILLANUEVA, Luis Antonio, *op. cit.*, p. 56.

establecidas en las leyes». De ellas, el TRLPI, aunque prevé la posibilidad de actuar contra los titulares del derecho de divulgación después de fallecido el autor cuando se vea afectado el interés público de acceso a la cultura (art. 40 TRLPI), no contempla esta posibilidad una vez extinguidos los derechos de explotación, ni hay referencias a los propietarios de las obras en tal sentido. Por su parte, en situaciones concretas la LPHE obliga a los propietarios a dar acceso a las obras con fines de investigación o estudio, pero tiene que tratarse de los bienes que dice esta Ley y además nada impide a los propietarios cumplir con su obligación imponiendo como condición que las obras no se divulguen [109]. Así pues, en estas leyes no se encuentran

---

[109]   Para los Bienes de Interés Cultural, el art. 13, 2 de la Ley de Patrimonio Histórico Español establece que «los propietarios y, en su caso, los titulares de derechos reales sobre tales bienes, o quienes los posean por cualquier título, están obligados a permitir y facilitar su inspección por parte de los Organismos competentes, su estudio a los investigadores, previa solicitud razonada de éstos, y su visita pública, en las condiciones de gratuidad que se determinen reglamentariamente, al menos cuatro días al mes, en días y horas previamente señalados. El cumplimiento de esta última obligación podrá ser dispensado total o parcialmente por la Administración competente cuando medie causa justificada. En el caso de bienes muebles se podrá igualmente acordar como obligación sustitutoria el depósito del bien en un lugar que reúna las adecuadas condiciones de seguridad y exhibición durante un período máximo de cinco meses cada dos año». Para los bienes muebles del Patrimonio Histórico Español no declarados de interés cultural que tengan singular relevancia, el art. 26, 6. b) señala que «sus propietarios y, en su caso, los demás titulares de derechos reales sobre los mismos están obligados a permitir su estudio a los investigadores, previa solicitud razonada, y a prestarlos, con las debidas garantías, a exposiciones temporales que se organicen por los organismos a qué se refiere el artículo 6º». Por su parte el art. 52, 3 dice que «los obligados a la conservación de los bienes constitutivos del patrimonio documental y bibliográfico deberán facilitar (…) el estudio por los investigadores». También son de interés las reglas dirigidas a que la Iglesia católica permita el acceso a las obras de su pertenencia. Sobre esto ver SERRANO GÓMEZ, Eduardo, Derecho de

normas concretas que prevean la situación en que el propietario de la obra inédita en dominio público impida el acceso a la misma con fines de divulgación.

Sin embargo pienso que, prevaleciendo en nuestro sistema jurídico los intereses generales sobre los particulares [110], procede aplicar a tal situación por analogía el art. 40 del TRLPI, según el cual «si a la muerte o declaración de fallecimiento del autor, sus derechohabientes ejerciesen su derecho a la no divulgación de la obra, en condiciones que vulneren lo dispuesto en el artículo 44 de la Constitución, el Juez podrá ordenar las medidas adecuadas a petición del Estado, las Comunidades Autónomas, las Corporaciones locales, las instituciones públicas de carácter cultural o de cualquier otra persona que tenga un interés legítimo». Como resultado, la persona que quiera divulgar la obra en dominio público, teniendo interés legítimo, puede solicitar a los órganos judiciales medidas para garantizar la divulgación en el caso en el que el propietario impida el acceso a la obra de forma injustificada.

Ciertamente nuestro art. 40 del TRLPI no ha contemplado el escenario en el que, no habiendo ya un titular del derecho de divulgación, se produce una situación de abuso con la que se impide sacar la obra a la luz, como hace el art. 121-3 del Código de propiedad intelectual francés [111]; pero sin duda cuando el propietario obstaculiza

autor, derecho de propiedad y patrimonio artístico de la Iglesia católica, *Patrimonio histórico-artístico de la Iglesia Católica: Régimen jurídico de su gestión y tutela*, (Coord. M. J. Roca Fernández y M. O. Godoy), Tirant lo Blanch, Valencia, 2018, pp. 261 a 290.

[110]   Sobre el principio de prevalencia del interés cultural sobre la propiedad privada vía función social, ver las reflexiones de Anguita Villanueva, Luis Antonio, *Trafico...*, *op. cit.*, pp. 66 a 68.

[111]   Conforme a la redacción del precepto citado «en cas d'abus notoire dans l'usage ou le non-usage du droit de divulgation de la part des représentants de l'auteur décédé visés à l'article L.121-2, le tribunal

la divulgación de forma injustificada, en contra del derecho de acceso a las obras por parte de la ciudadanía, tiene lugar un supuesto semejante al previsto en el precepto con el que se aprecia identidad de razón. En ambos casos, antes y después de entrar la obra en dominio público, se trata de preservar el interés general que se sanciona en el art. 44 de la Constitución. De otro modo, por aplicación del art. 7, 2 del Código civil se llega a una solución semejante, pues si el propietario de la obra en dominio público impide el acceso a la misma sin una razón que lo justifique, como puede ser que tenga intención de divulgarla él mismo en un momento posterior, su actuación podrá considerarse un ejercicio abusivo y antisocial del derecho; lo que igualmente permite solicitar la adopción de medidas judiciales o administrativas que impidan la persistencia del abuso.

Por lo demás, a propósito del derecho de divulgación, pueden traerse aquí las palabras de Christophe Caron en su comentario a la Sentencia del Tribunal de Casación francés, de 9 de junio de 2011, relativa al caso René Char [112], cuando señala que tras la muerte del autor el derecho moral tiene una función social; y que como la

---

judiciaire peut ordonner toute mesure appropriée. Il en est de même s'il y a conflit entre lesdits représentants, s'il n'y a pas d'ayant droit connu ou en cas de vacance ou de déshérence. Le tribunal peut être saisi notamment par le ministre chargé de la culture».

[112]   La sentencia se refiere a unas cartas entre el poeta René Char y su amante Tina Jolas. Una vez fallecidos ambos, los hijos de Tina Jolas decidieron publicar una selección de cartas, pero la esposa del poeta y heredera universal se opuso en reiteradas ocasiones. En su decisión, de 25 de marzo de 2008, el Tribunal de Gran instancia sostuvo que la Sra. Char era la única titular del derecho moral y los derechos patrimoniales sobre la obra del escritor, y que sólo había cumplido con la voluntad de este último. Esta sentencia fue revocada por el Tribunal de Apelación, el 4 de diciembre de 2009, porque entendía que la Sra. Char había abusado de su derecho de divulgación al rechazar la publicación, y porque al oponerse a esta divulgación le correspondía justificar su negativa. El 9 de junio de

prerrogativa debe ser ejercida a fin de servir al interés general, abusa de su derecho quien no lo ejerce en contra del interés del público, de los lectores y de los historiadores, que pueden legítimamente reivindicar un acceso a las obras necesarias para comprender a ese autor [113].

VI. Titularidad del derecho

El art. 129, 1 del TRLPI siguiendo la Directiva reconoce derechos de explotación a «toda persona que divulgue lícitamente una obra inédita que esté en dominio público» de forma general, a diferencia del antiguo art. 2, 4 de la Ley de propiedad intelectual de 1879, o el art. 119 de la Ley de 1987, que se los atribuían a los editores. Entonces, tal y como lo planteaban Miguel Coca Payeras y Pedro A. Munar Bernat, se trataba de compensar a quienes tomaran la iniciativa para reproducir y distribuir las obras inéditas en dominio público publicándolas de forma efectiva, pudiendo tratase de cualquier sujeto y no solo de editores profesionales [114]. En Francia el antiguo art. 23 de la Ley de propiedad literaria y artística de 1957 atribuía los derechos al propietario de la obra, cosa que se mantiene en la redacción del vigente L. 123-1 del CPI. En ambos casos sin duda se buscaba generar un incentivo para quien se consideraba en mejor posición para alcanzar la

---

2011, el Tribunal de Casación anuló la sentencia de apelación por haber invertido la carga de la prueba.

[113] Caron, Christophe, *Qui doit prouver l'abus,* Communication commerce électronique, n.º 9, Septembre 2011, p. 30. Ver también, en la misma línea Lefebvre, Louis, *René Char et le droit de divulgation post-mortem,* Revue générale du droit (www.revuegeneraledudroit.eu), 2014, número 2.f.

[114] Coca Payeras, Miguel y Munar Bernat, Pedro A., *op. cit.,* p. 1613, respecto de los titulares del derecho señalan que se convierten en editores a los efectos del 119 cuando fácticamente realizan las actividades típicas de la edición: reproducir y distribuir la obra.

efectiva divulgación de la obra. Ahora hay que preguntarse no solo por los editores o los propietarios como posibles titulares, sino por muchos otros sujetos que pueden estar implicados en el proceso que culmina con la publicación o la comunicación al público de la obra inédita. Entre ellos hay que considerar a las personas que efectúan un hallazgo como el Disco solar de Nebra, a los investigadores que realizan la búsqueda y documentan la obra, a los sujetos que colaboran en la difusión como el personal de la empresa que produce los ejemplares, o en su caso a los artistas que interpretan la obra. En cuanto a los propietarios conviene tener en cuenta, además de a los particulares, a instituciones culturales tales como los archivos, museos y bibliotecas; y en el ámbito de la explotación de la obra intelectual, junto a los editores, a las entidades de radiodifusión, a las filmotecas o a las empresas culturales que organizan espectáculos.

En relación con todos ellos, habrá que buscar los criterios interpretativos que permitan determinar en qué casos su intervención en el proceso de divulgación da lugar al nacimiento del derecho, atendiendo al espíritu y finalidad de la norma. Algún autor, como Rodrigo Bercovitz Rodríguez Cano, nos dice que «solo queda protegido en principio quien asume el riesgo empresarial de la reproducción y distribución o de la comunicación pública. No queda protegido quien descubre la obra y se la proporciona en los términos que sea a quien reproduzca y distribuya o comunique por su cuenta y riesgo». A lo que añade que «no es necesario que se haya dedicado previamente, o que se dedique posteriormente (dedicación habitual) a esa actividad empresarial de reproducción y distribución o comunicación pública» [115]. De sus palabras se puede extraer algún criterio con el que estoy de acuerdo, como que el titular no está predeterminado, y que por tanto no se trata del editor, sino que deberá analizarse caso por caso. Ahora bien, pienso que el criterio del riesgo empresarial, que este jurista no presenta como absoluto, no es suficiente para determinar la titularidad a la que se refiere el art. 129, 1 del TRLPI.

Pensando en los antecedentes del precepto y en su momento histórico, tenía sentido reconocer la titularidad de un derecho de propiedad intelectual al editor, porque las editoriales eran el tipo de empresas que podían divulgar las obras, y con este incentivo se fomentaba su interés en asumir la iniciativa de la publicación. En las normas de Derecho comparado que reconocían la titularidad al propietario de la obra (Derechos francés o belga) igualmente se buscaba despertar el interés de aquellos que en ocasiones eran los únicos conocedores de su existencia y de esta manera poner en marcha el proceso que culminaría con la puesta en circulación de la obra. En la actualidad, entiendo que hay que poner el foco en quien toma la iniciativa y no solo atender al criterio del riesgo empresarial o económico, porque lo importante a los fines del art. 129, 1 del TRLPI es que se consiga la publicación o comunicación pública que ponga en circulación la obra, y hay que compensar a quienes intervengan de forma determinante para ello, resultando que las medidas más relevantes no siempre se toman por las empresas que realizan la explotación a sus expensas.

---

[115] BERCOVITZ RODRÍGUEZ-CANO, Rodrigo, *Comentario…*, *op. cit.*, 2017, p. 1776.

Pensemos en la agrupación de intérpretes musicales que realiza una labor de investigación localizando determinadas obras en el archivo de una entidad religiosa, que transcriben y preparan a través de ensayos para su difusión en conciertos, con un resultado que se ofrece a empresas culturales. Lo mismo puede pensarse en una agrupación teatral que rescata una obra dramática del ostracismo, que después ofrece en forma de representación escénica a una entidad cultural para su comunicación pública. Con los conciertos y representaciones teatrales se darían a conocer las obras asumiendo las empresas culturales el riesgo de la explotación, pero la participación de estas entidades en la divulgación no sería determinante. Es decir, las obras inéditas en cuestión nunca habrían salido a la luz sin la actividad anterior a la desplegada por las empresas, que tan solo se ocuparon de su explotación con el mismo esquema en que lo hacen cuando aceptan encargarse de la comunicación pública de obras con derechos vigentes sin participar en el proyecto de montaje. Otra cosa sucedería si esas mismas empresas fueran las que tomaran la iniciativa en un proyecto para dar a conocer las obras inéditas en dominio público, a través de conciertos o representaciones escénicas, dando los pasos necesarios desde el principio hasta llevarlo a término. En esta hipótesis podrían considerarse las titulares del derecho conexo del art. 129, 1 del TRLPI.

Teniendo en cuenta tales casos, opino que, cuando el art. 129, 1 del TRLPI reconoce derechos de explotación a las personas que divulguen lícitamente obras en dominio público, debe entenderse que se refiere a los sujetos que, teniendo la iniciativa de sacarlas a la luz a través de actos de publicación o comunicación pública, toman las medidas necesarias para que tales actos tengan lugar de forma efectiva, consiguiendo con ello su puesta en circulación. Pienso que mantiene este mismo punto de vista Guillermo Orozco Pardo cuando dice que «será sujeto de este derecho la persona que da a conocer la obra inédita y que, circunstancialmente, puede reunir la condición técnica de empresario-editor. (…) quiere decir que la edición, técnicamente, puede encargarse por el titular del derecho a un tercero mediante el oportuno contrato» [116]. En este sentido también cabe citar a Friedrich Karl Fromm y Wilhelm Nordemann [117], o a Horst-Peter Götting y Anne Lauber-Rönsberg, que interpretan que según la intención del legislador la actividad recompensada por el § 71 UrhG no es el esfuerzo habitual del editor, sino el esfuerzo para la recopilación y publicación de las obras, o la preparación para la publicación; de manera que resulta irrelevante quién realice la publicación comercialmente. En consecuencia, opinan que no se determina desde el principio quién será titular de los derechos previstos en el § 71 UrhG, pudiendo ocupar este lugar el erudito que encontró la obra póstuma o la biblioteca donde se ubica esta, sin descartar al editor que tuviera la iniciativa para realizar la primera publicación [118].

No comparto, sin embargo, la opinión de autores como Javier Guillem Carrau para quien el titular es el editor [119], ni la de Eva Langer o Michele Bertani que interpretan que el sujeto protegido es el que soporta la inversión económica necesaria para llevar a cabo la publicación o la comunicación de lo inédito, y que quien toma la iniciativa y realiza otro tipo de actuaciones dirigidas a la divulgación

---

[116]   Orozco Pardo, Guillermo, *op. cit.*, p. 551.

[117]   Fromm, Friedrich Karl, Nordemann, Wilhelm, *Urheberrecht, Kommentar zum Urheberrechtsgesetz und zum Urheberrechtswahrnehmungsgesetz*, Auflage, Stuttgart, 2008, citados por Langer, Eva, *op. cit.*, p. 155.

[118]   Götting, Horst-Peter/ Lauber-Rönsberg, Anne, *op. cit.*, p. 62

[119]   Guillem Carrau, Javier, Obras inéditas en dominio público y obras no protegidas, *Comentarios a la Ley de propiedad intelectual*, Tirant lo Blanch, Valencia, 2017, pp. 1507 y ss.

de la obra solo puede considerarse titular cuando asuma el riesgo económico de la explotación [120].

En suma, cuando el art. 129, 1 del TRLP se refiere a toda persona que divulgue una obra inédita en dominio público el titular de los derechos que reconoce no está predeterminado, por lo que para establecer a quién le corresponden deberá analizarse caso por caso. Para ello el criterio que a mi parecer encaja mejor con la finalidad del precepto es considerar titular a quien, teniendo la iniciativa en poner la obra en circulación para la ciudadanía, tome las medidas más importantes para conseguir la publicación o la comunicación pública de la creación inédita en dominio público. De acuerdo con este criterio no puede atribuirse la titularidad al propietario del ejemplar material de la obra por ese solo hecho, pero sí cuando tenga la iniciativa de sacar la obra a la luz a través de la publicación o comunicación pública desplegando la actividad necesaria para ello. Este sería el caso del archivo o biblioteca que, reconociendo el valor cultural de una obra que se encuentra en sus fondos, toma las medidas para llegar hasta su divulgación, como son buscar al personal investigador competente que deba estudiarla y presentarla en el formato adecuado y después contactar con una editorial que pueda tener interés en su publicación. Tampoco podría considerarse titulares a quienes únicamente hubieran colaborado en la difusión como pueden ser los músicos de una orquesta que interpreta una música inédita por encargo. Por su parte las empresas culturales como las editoriales o los teatros podrían alcanzar la titularidad de los derechos cuando, además de ocuparse de la publicación o comunicación pública de las obras inéditas dentro de lo

---

[120]   LANGER, Eva, *op. cit.*, p. 153 y BERTANI, Michele, *op. cit.*, pp. 172 y 173.

que es su actividad habitual, fueran las que hubieran tenido la iniciativa de poner en marcha el proyecto dirigido a sacarlas a la luz [121].

VII.   CONTENIDO DEL DERECHO CONEXO

El precepto que se analiza se ubica dentro del libro II del TRLPI bajo la rúbrica «De los otros derechos de propiedad intelectual y de la protección *«sui generis»* de las bases de datos», de manera que se refiere a uno de esos derechos que siendo distintos al de autor (libro I) están estrechamente conectados con él y que reciben el nombre de conexos, afines o vecinos. Se llaman así entre otras cosas porque dependen en mayor o menor medida de la existencia de las obras y sus autores. Con ellos en palabras de Antonio Cabanillas Sánchez «se trata de proteger actividades auxiliares con respecto al derecho de autor, que contribuyen a la difusión de las creaciones del mismo» [122]. Son también derechos de propiedad intelectual con un contenido parecido al derecho de autor, aunque con una duración menor. En el caso del art. 129, 1 del TRLPI resulta evidente la importancia del papel que tiene la persona que divulga la obra inédita en dominio público poniéndola en circulación y haciéndola llegar a la ciudadanía. Esta es la razón por la que se le reconoce un derecho de propiedad intelectual; que como se sabe es un derecho único, aunque esté integrado por una serie de facultades a las que el propio precepto califica de derechos,

---

[121]   Como ejemplo pueden tomarse los proyectos de la conocida editorial Siloé Arte y Bibliofilia, que publica facsímiles realizando una labor previa de investigación y documentación.
[122]   CABANILLAS SÁNCHEZ, Antonio, «Comentario al título I del Libro II», *Comentarios a la Ley de propiedad intelectual*, (Coord. R. Bercovitz), Tecnos, Madrid 1997, p. 1528.

con el esquema que se presenta para el autor en esta ley y en otros ordenamientos [123].

En cuanto al contenido, el derecho de propiedad intelectual de la persona divulgadora de obras inéditas en dominio público es uno de los que más se aproximan al derecho de autor, aunque no goza de facultades morales como sí tienen reconocidos los artistas intérpretes o ejecutantes. Exactamente el art. 129, 1 del TRLPI dice que la persona que divulgue lícitamente una obra inédita que esté en dominio público tendrá sobre ella «los mismos derechos de explotación que hubieran correspondido a su autor». Su duración es de veinticinco años computados desde el día 1 de enero del año siguiente al de la divulgación lícita de la obra (art. 130, 1 TRLPI). Al referirse el precepto a las facultades del titular del derecho conexo como «los (…) derechos de explotación que hubieran correspondido al

---

[123]   Como señala, refiriéndose a los autores, Sánchez Aristi, Rafael, «Comentario al art. 17», *Comentarios a la Ley de propiedad intelectual*, (Coord. R. Bercovitz), Tecnos, Madrid, 2017, p. 294, «aunque la Ley habla de "derechos" de explotación, parece claro que se trata de "facultades", en el sentido de que conforman un haz de posibilidades de actuación que comparten una misma naturaleza y que se integran bajo el ámbito de control de un mismo titular en relación con un mismo objeto». Por su parte, en la p. 301 tiene en cuenta que el art. 132 del TRLPI incluye el art. 17 cuando determina los preceptos del Libro I que se aplican de manera subsidiaria y en lo pertinente a los titulares de otros derechos (Libro II), entre los que se encuentra quien divulga obras inéditas del dominio público. Refiriéndose al art. 17 y su aplicación a los titulares de los derechos del Libro II, dice que el art. 132 del TRLPI podría haberlo excluido expresamente como hace con el párrafo segundo del art. 37 y que «si no lo ha hecho, cabe pensar que es porque no deseaba descartar la aplicación a favor de los titulares de otros derechos de propiedad intelectual de la cláusula general de asignación del ejercicio exclusivo de los derechos de explotación en cualquier forma». Ver también Rivero Hernández, Francisco, «Comentario a la sección 2.ª del título II del libro I», *Comentarios a la Ley de propiedad intelectual*, (Coord. R. Bercovitz), Tecnos, Madrid, 2007, pp. 266 y 267.

autor» se mantiene la tradición de la Ley de 1987, pero se aparta de la redacción de la Directiva, para la cual la persona divulgadora gozará de una protección equivalente a la de los derechos económicos del autor. Esto lleva a la pregunta de si el contenido de este derecho conexo se ciñe a los derechos de reproducción, distribución, comunicación pública y transformación por ser los de explotación en sentido estricto, o si la expresión debe interpretarse de forma amplia y considerarse todos los derechos de contenido patrimonial de los que normalmente gozan los autores y autoras, aunque nuestro TRLPI los regule de forma separada. Es decir, la pregunta a la que hay que responder es si, aparte de los derechos contemplados en el art. 17 del TRLPI, corresponden o no a las personas divulgadoras de las obras inéditas en dominio público los derechos de participación (art. 24 TRLPI) y compensación equitativa por copia privada (art. 25 TRLPI), entre otros [124].

Al respecto, la doctrina está de acuerdo en que una interpretación acorde con la Directiva lleva a entender que corresponden a quienes divulguen la obra inédita en dominio público, tanto los derechos de compensación equitativa por copia privada y de participación, como los de explotación a los que se refieren los arts. 17 a 21 del TRLPI [125]. Esto no significa que el poder de actuación de

---

[124]   Aunque nuestra doctrina especializada ha centrado la cuestión que se refiere a los derechos de remuneración en los previstos en los arts. 24 y 25 del TRLPI, en el apartado VI. 3. de este trabajo se pone de manifiesto que hay otros que también procede aplicara a las personas divulgadoras de obras en dominio público.

[125]   OROZCO PARDO, Guillermo, *op. cit.*, pp. 560 y 561, en su comentario al antiguo art. 119 de la Ley de propiedad intelectual, interpreta que conforme a la Directiva de 1993 debe reconocerse a las personas que divulgan las obras «una protección equivalente a la de los derechos económicos del autor». También BERCOVITZ RODRÍGUEZ-CANO, Rodrigo, *Comentario…*, *op. cit.*, 2017, en la p. 1777.

la persona titular del derecho conexo sea siempre idéntico al del autor, porque se trata de un derecho semejante a este pero no idéntico, y la finalidad que justifica uno y otro tampoco es la misma [126].

En cualquier caso, el derecho de propiedad intelectual al que se refiere el art. 129, 1 del TRLPI es un derecho de exclusiva o de monopolio, lo que quiere decir que su titular podrá explotar la obra por sí mismo o encargárselo a otros, y que es el único que puede autorizar o prohibir todo tipo de utilización de la creación que previamente estaba en dominio público. De esta manera la obra que antes podía usarse libremente con fines comerciales o no comerciales por cualquier persona (art. 41 TRLPI), deja de estar disponible para el público en general. Podría decirse por ello que con su divulgación la obra inédita que estaba en el dominio público pasa a ser de dominio privado durante el periodo de tiempo de 25 años.

Ahora bien, hay que tener en cuenta que por tratarse de un derecho conexo y no del derecho de autor, las reglas sobre cesión o transmisión de las facultades de explotación que protegen a este no rigen para su titular. Es decir, no entran en juego para el titular del derecho conexo las normas sobre transmisión de las facultades de explotación de los arts. 42 a 57 del TRLPI, que van dirigidas a proteger a los autores y autoras frente a una posible ventaja del cesionario. De manera que como punto de partida las cesiones de los derechos de explotación pertenecientes a las personas que divulguen obras inéditas en dominio público se rigen por las normas generales del Código civil sobre obligaciones y contratos. En consecuencia, lejos de lo que sucede para los autores y autoras, cabe la transmisión

---

[126]   BERCOVITZ RODRÍGUEZ-CANO, Rodrigo, *Ibidem*, duda sobre la aplicación del derecho de participación cuando el propietario facilita el acceso si luego le tocara pagar.

global de los derechos de explotación por todo el tiempo de duración a un tercero. Es decir, el derecho conexo se puede transmitir por completo [127]. Algo que se contempla de forma expresa en alguna norma de Derecho comparado como es el § 71, 2 UrhG [128].

1.   Derechos de explotación

La redacción del art. 129, 1 del TRLPI no permite albergar ninguna duda sobre el reconocimiento a las personas que divulguen lícitamente obras inéditas en dominio público de «los derechos de explotación que hubieran correspondido a su autor». Tal y como se expresa se entiende que se refiere a las facultades de explotación que, conforme a la legislación vigente en el momento de poner la obra al alcance del público por primera vez, se reconocen a quienes crean obras intelectuales originales. Obsérvese que, como las obras en cuestión pueden tener diferentes antigüedades, en el momento de su creación podrían no existir leyes de propiedad intelectual o estar vigentes otras que protegieran de forma diferente a los autores y autoras. Por lo tanto, tiene sentido esa referencia a los derechos que hubieran correspondido a su autor en el momento de la divulgación. En definitiva, se trata de una referencia a la legislación vigente.

---

[127]   En palabras de Bercovitz Rodríguez-Cano, Rodrigo, *Comentario…*, *op. cit.*, 2017, p. 1777, «aunque los derechos de explotación que se reconocen al "divulgador" son iguales a los del autor, eso no les transforma en derecho de autor. Lo que quiere decir que él podrá disponer de ellos sin restricción alguna, incluidos, en su caso, los derechos de compensación equitativa por copia privada y de participación. Es evidente que el artículo 129. 1 no atribuye derecho moral alguno sobre la obra».
[128]   Ver transcripción en notas anteriores.

Pues bien, teniendo en cuenta como ya se sabe que la mención del art. 129, 1 del TRLPI a los derechos de explotación debe interpretarse en el sentido de abarcar todos los derechos patrimoniales de los autores, procede el estudio separado de los preceptos del TRLPI relativos a las facultades de explotación y de los que se ocupan de las facultades de remuneración, analizando las peculiaridades de su aplicación a los «divulgadores».

Desde el punto de vista del autor, el art. 17 del TRLPI establece que corresponde a este «el ejercicio exclusivo de los derechos de explotación de su obra en cualquier forma y, en especial, los derechos de reproducción, distribución, comunicación pública y transformación, que no podrán ser realizadas sin su autorización, salvo en los casos previstos en la presente Ley». Aunque el precepto se refiere a las cuatro formas de explotación típicas, contiene una regla general que abarca todas las variantes posibles de utilización económica de la obra, encajen o no en las modalidades que cita a modo de ejemplo. De manera que, si hubiera alguna modalidad de explotación que no se ajustara a las formas de utilización propias de los derechos de reproducción, distribución, comunicación pública y transformación, el autor o autora también tendría el control sobre las mismas [129]. En cuanto a la existencia de nuevas modalidades hay que observar que con los avances tecnológicos surgen diferentes formas de utilización de las obras, pero por el momento se van reconduciendo a las modalidades de explotación típicas a pesar de sus peculiaridades. Por ejemplo, ha sucedido con los préstamos que se realizan cargando una copia de una obra en el servidor de una biblioteca pública dando acceso a los usuarios por

[129] SÁNCHEZ ARISTI, Rafael, *op. cit.*, p. 294.

un tiempo determinado [130]. En este caso, el Tribunal de justicia de la Unión europea (TJUE) ha determinado que se trata de una modalidad de distribución a pesar de que para que esta última tenga lugar se exige acceso a la obra en forma tangible [131].

Así pues, los autores y autoras son quienes pueden autorizar o prohibir cualquier acto de explotación de la obra, encaje o no en las modalidades típicas, salvo en los casos que el TRLPI contempla como límites a los derechos de explotación en los arts. 31 y siguientes [132]. No obstante, hay que tener en cuenta que, desde el Decreto-ley 24/2021, de transposición a nuestro ordenamiento de la Directiva de 2019, sobre los derechos de autor y derechos afines en el mercado único digital, los límites que se regulan en los arts. 67 a 70 de esta norma también afectan a los derechos de los creadores, lo mismo que a los derechos de los otros titulares a los que se refiere el Libro II del TRLPI [133].

En consecuencia, trasladando la previsión del art. 17 del TRLPI a las personas titulares del derecho conexo del art. 129, 1 del TRLPI, hay que entender que corresponde solo a ellas autorizar o prohibir cualquier forma de

---

[130]   Ver al respecto Sánchez Aristi, Rafael, «Comentario al art. 19», *Comentarios a la Ley de propiedad intelectual*, Tecnos, (Coord. R. Bercovitz), Tecnos, Madrid, 2017, p. 363.

[131]   Esta es la interpretación que se recoge en la sentencia del TJUE de 10 de noviembre de 2016. Asunto C-174/15 (Vereniging Openbare Bibliotheken/Stichting Leenrecht). Disponible en https://curia. europa.eu/juris/liste.jsf?language=es&jur=C,T,F&num=C-174/15&td=ALL.

[132]   Sánchez Aristi, Rafael, *op. cit.*, pp. 306 a 308.

[133]   El párrafo primero del art. 56, 1 del Decreto-ley 24/2021 de trasposición de la DAMUD dice: «Este real decreto-ley, en su Libro cuarto, será de aplicación a los derechos de propiedad intelectual, incluyendo tanto derechos de autor como derechos afines o conexos, en el marco del mercado interior europeo, teniendo especialmente en cuenta los usos digitales y transfronterizos de los contenidos protegidos».

explotación de la obra, se ajuste o no en las modalidades expresamente previstas en el TRLPI. Por otro lado, igual que sucede con los autores y autoras sus derechos de explotación se ven sometidos a los límites regulados en los arts. 31 y siguientes del TRLPI, a los que por otra parte remite el art. 132 del TRLPI para los titulares del libro II, estableciendo que entran en juego con carácter subsidiario y en lo pertinente, si bien deja a salvo el apartado segundo del art. 37 [134]. Y, del mismo modo que sucede para los autores y autoras, sus derechos de explotación quedan también condicionados por los límites que se contemplan en el Decreto-ley 24/2021.

En cualquier caso, al interpretar cuáles son las posibilidades de actuación de las personas titulares del derecho conexo del art. 129, 1 del TRLPI, en aplicación de los preceptos que regulan los derechos de explotación del autor, lógicamente deberá atenderse a su naturaleza y fines. Por ello hay que recordar que con este derecho se protegen tanto intereses privados como públicos, y que si en algún supuesto no fuera posible satisfacer ambos tipos de intereses debería optarse por una interpretación en favor de los intereses generales.

---

[134]   El artículo 132 del TRLPI, bajo el título de «aplicación subsidiaria de las disposiciones del Libro I», dice textualmente que «las disposiciones contenidas en el artículo 6.1, en la sección 2.ª del capítulo III, del Título II y en el capítulo II del Título III, salvo lo establecido en el párrafo segundo del apartado segundo del artículo 37, ambos del Libro I de la presente Ley, se aplicarán, con carácter subsidiario y en lo pertinente, a los otros derechos de propiedad intelectual regulados en este Libro».

1.1. *Derechos de reproducción, distribución y comunicación pública*

De las cuatro facultades de explotación recogidas expresamente en el art. 17 del TRLPI, sabiendo que la persona que las va a ejercer no es la autora sino quién ha divulgado la obra inédita en dominio público y la finalidad del precepto en estudio, la regulación de la reproducción, distribución y comunicación pública se puede trasladar a estos sujetos sin que se requiera una interpretación muy diferente a la que corresponde para los autores.

Respecto de la primera, el art. 18 del TRLPI establece que «se entiende por reproducción la fijación directa o indirecta, provisional o permanente, por cualquier medio y en cualquier forma, de toda la obra o de parte de ella, que permita su comunicación o la obtención de copias». Este concepto contempla varias situaciones.Por un lado, la fijación de las creaciones que se expresan de forma inmaterial cuando se unen a un soporte tangible (p. e. cuando se graba una improvisación musical) y, por otro, el traspaso a un medio diferente de aquel en el que ya están fijadas (p. e. de analógico a digital). En ambos casos a partir de la fijación se pueden obtener copias, como libros y partituras en papel, o realizarse una comunicación pública como cuando se lee un poemario ante un auditorio o se sube la obra a internet en acceso abierto. La obtención de ejemplares en sí misma también es reproducción [135]. De manera que corresponderá a la persona que divulgue por primera vez una obra inédita en dominio público autorizar o prohibir su fijación pasándola a un medio nuevo, así como la obtención de copias; todo ello con independencia de que

---

[135]   RODRÍGUEZ TAPIA, José Miguel, «Comentario al artículo 18», *Comentarios a la Ley de Propiedad intelectual*, (Coord. J. M. Rodríguez Tapia), Civitas, Pamplona, 2009, pp. 181 y 182.

después tenga lugar o no la distribución de ejemplares o la comunicación pública, que son actos de explotación aparte que también requieren de su consentimiento. O, dicho de otro modo, aunque la fijación tenga carácter instrumental en el sentido de que sea necesaria para poder realizar otro tipo de utilización, hace falta el consentimiento del titular del derecho, que en este caso es la persona que divulgó la obra inédita en dominio público.

En relación con lo anterior entiendo que el derecho de la persona que ponga a disposición de la ciudadanía por primera vez una obra inédita en dominio público excluye que otros sujetos que hayan podido acceder legalmente a distintos ejemplares o copias puedan reproducirla. Estos no estarían legitimados para la reproducción de la obra sin su autorización incluso si su ejemplar fuera el original, como por ejemplo la partitura manuscrita o la pintura, y lo mismo si fueran los propietarios de ese original. Es decir, cuando varias personas hayan accedido a ejemplares de la misma obra en dominio público de forma legal el derecho del art. 129, 1 del TRLPI nacerá para el que se ocupe de la divulgación y por lo tanto la dé a conocer por primera vez, con independencia de que lo realice a partir del manuscrito original o de otro tipo de copia y del título por el que la posee. En este aspecto nuestra Ley de propiedad intelectual no ofrece duda, al contrario de lo que sucede en Francia que ha mantenido elementos de la antigua regulación después de la transposición de la Directiva, atribuyendo el derecho conexo al propietario por sucesión o por otros títulos (art. 123 del CPI). De ahí que exista jurisprudencia en este país que determine que, habiendo un original y copias, si se produce conflicto tiene prevalencia el dueño del original y si solo hay copias el primero que se ocupe de la divulgación[136]. En este sentido es conocida una sentencia del Tribunal de Casación sobre obras inéditas de Julio Verne[137], que falló a favor del propietario del manuscrito original (ciudad de Nantes) y no del de la copia (presidente de la Asociación de amigos de Julio Verne) que ya la había publicado. No obstante, algún autor francés pone de manifiesto la dificultad de mantener una interpretación del art. 123 del CPI como esta por no ajustarse a la Directiva[138].

Para comprender cómo sería el ejercicio del derecho de distribución para la persona a la que se refiere el art. 129 del TRLPI hay que acudir a la definición del art. 19, que determina su contenido para los autores y autoras. Conforme al art. 19, 1 del TRLPI «se entiende por distribución la puesta a disposición del público del original o de las copias de la obra, en un soporte tangible, mediante su venta, alquiler, préstamo o de cualquier otra forma»[139]. Según

---

[136]   GAUTIER, Pierre-Yves y BLANC, Nathalie, *Droit de la Propriété littéraire et artistique,* LGDJ, París, 2023, p. 345 y LUCAS, André, LU-CAS-SCHLOETTER, Agnès y BERNAULT, Carine, *op. cit.*, pp. 573.

[137]   La sentencia es de 1993, pero el Tribunal de Casación se remite a ella en la jurisprudencia posterior. Ver sobre esta HOVASSE-BAN-GET, Suzanne, *La titularité des droits de publication posthume relatifs aux oeuvres inédites de Jules Verne* [*À propos de l'arrêt de la première Chambre civile de la Cour de cassation du 9 novembre 1993*], Revue juridique de l'Ouest, 1994. Disponible en https://www.persee.fr/doc/juro_0990-1027_1994_num_7_3_2158.

[138]   FOURNOL, Alexis, *La publication d'inédits particulièrement anciens*, 2020. Disponible en https://www.fournol-avocat.fr/actualite/2020/4/18/la-publication-dindits-particulirement-anciens. También LUCAS, André, LUCAS-SCHLOETTER, Agnès y BERNAULT, Carine, *op. cit.*, pp. 573 y 574.

[139]   El art. 19 del TRLPI íntegro establece lo siguiente: « 1. Se entiende por distribución la puesta a disposición del público del original o de las copias de la obra, en un soporte tangible, mediante su venta, alquiler, préstamo o de cualquier otra forma. 2. Cuando la distribución se efectúe mediante venta u otro título de transmisión de la propiedad, en

esta definición para que tenga lugar la distribución deben ponerse en manos del público ejemplares de las obras en un soporte material (cuadro, libro, DVD, vinilo…), por lo que los modos de explotación que no permitan el contacto físico con la obra (p. e. un concierto) no se consideran distribución. No obstante, como ya se ha apuntado hay un caso en el que el TJUE interpreta que hay distribución a pesar de que falta el requisito de materialidad de los ejemplares. Se trata del supuesto de acceso temporal a libros en formato digital facilitado por las bibliotecas públicas, que el Tribunal europeo considera préstamo. En cuanto a las formas en que se pueden hacer llegar el original o las copias físicas de la obra al público el art. 19 del TRLPI

---

el ámbito de la Unión Europea, por el propio titular del derecho o con su consentimiento, este derecho se agotará con la primera, si bien sólo para las ventas y transmisiones de propiedad sucesivas que se realicen en dicho ámbito territorial. 3. Se entiende por alquiler la puesta a disposición de los originales y copias de una obra para su uso por tiempo limitado y con un beneficio económico o comercial directo o indirecto. Quedan excluidas del concepto de alquiler la puesta a disposición con fines de exposición, de comunicación pública a partir de fonogramas o de grabaciones audiovisuales, incluso de fragmentos de unos y otras, y la que se realice para consulta in situ. 4. Se entiende por préstamo la puesta a disposición de originales y copias de una obra para su uso por tiempo limitado sin beneficio económico o comercial directo ni indirecto, siempre que dicho préstamo se lleve a cabo a través de establecimientos accesibles al público. Se entenderá que no existe beneficio económico o comercial directo ni indirecto cuando el préstamo efectuado por un establecimiento accesible al público dé lugar al pago de una cantidad que no exceda de lo necesario para cubrir los gastos de funcionamiento. Esta cantidad no podrá incluir total o parcialmente el importe del derecho de remuneración que deba satisfacerse a los titulares de derechos de propiedad intelectual conforme a lo dispuesto en el artículo 37.2. Quedan excluidas del concepto de préstamo las operaciones mencionadas en el párrafo segundo del apartado 3 y las que se efectúen entre establecimientos accesibles al público.5. Lo dispuesto en este artículo en cuanto al alquiler y al préstamo no se aplicará a los edificios ni a las obras de artes aplicadas».

señala la venta, el préstamo, el alquiler o cualquiera otras. Es decir, cualquier modo que permita poner a disposición del público los ejemplares materiales de la obra. ¿Pero cuántas copias habría que poner en circulación? El TRLPI no precisa nada sobre esto, aunque se entiende que debe ponerse a disposición del público un número razonable de ellas a través de los actos que señala el art. 19 del TRLPI de acuerdo con la naturaleza y la finalidad de la obra y la modalidad de distribución. Mientras que, si se trata del original de una pintura, escultura u otro tipo de obra plástica, el concepto de público queda reducido a la mínima expresión, ya que se admite que hay distribución con la venta a una única persona.

A propósito de los originales de obras plásticas conviene tener presente aquí que cuando un tercero adquiere la obra de su autor o autora, además de la posibilidad de disfrutar de ella, goza de la facultad de exposición pública, a no ser que se haya excluido expresamente en el acto de enajenación. Así el art. 56, 2 del TRLPI establece en su inicio que «el propietario del original de una obra de artes plásticas o de una obra fotográfica tendrá el derecho de exposición pública de la obra, aunque ésta no haya sido divulgada, salvo que el autor hubiera excluido expresamente este derecho en el acto de enajenación del original». La pregunta que procede formular en relación con este precepto es si debe entenderse aplicable al titular del derecho del art. 129, 1 del TRLPI, de manera que este pueda excluir la facultad de exposición pública para el adquirente de la obra cuando se le transmita la propiedad. A mi parecer, la finalidad del art. 56, 2 del TRLPI de preservar el ejercicio del derecho de divulgación del autor cuando la obra aún permanece inédita desaparece en la hipótesis de enajenación de una obra en dominio público. Precisamente el titular del derecho del art. 129, 1 del TRLPI ostenta este porque ya ha dado a conocer la obra al público y por lo tanto no hay ningún derecho de divulgación que garantizar. Además, el precepto busca satisfacer el interés general de acceso a la cultura por parte de la ciudadanía, y resulta más coherente con este que el adquirente de la obra plástica pueda efectuar exposiciones públicas, al margen de la explotación de la obra que pueda realizar el titular del derecho conexo.

Por comunicación pública como ya se ha visto se entiende «todo acto por el cual una pluralidad de personas pueda tener acceso a la obra sin previa distribución de ejemplares a cada una de ellas» (art. 20, 1 TRLPI). Esto significa que el público podrá disfrutar directamente de la obra a través de los sentidos como sucede en una exposición de pintura, en un concierto o durante una representación teatral. Debe tener acceso a la obra de esta manera un público suficiente, por eso no se considera comunicación pública la que «se celebre dentro de un ámbito estrictamente doméstico que no esté integrado o conectado a una red de difusión de cualquier tipo» (art. 20, 1 TRLPI). Por otra parte, el acceso de la obra a una pluralidad de personas no tiene por qué ser simultáneo ni desde el mismo lugar, de modo que encajan dentro de la comunicación pública por ejemplo la radiodifusión (20, 2 c) y d) TRLPI) o la puesta a disposición del público de la obra a través de internet, de manera que cualquiera pueda acceder a ella desde el lugar y en el momento que elija (20, 2 i) TRLPI). Así pues, para poner a disposición de la ciudadanía de esta manera la obra en dominio público una vez divulgada se requiere el consentimiento del titular del derecho reconocido en el art. 129, 1 del TRLPI.

1.2.   *El derecho de transformación*

De acuerdo con el art. 21, 1 párr. 1.º del TRLPI «la transformación de una obra comprende su traducción, adaptación y cualquier otra modificación en su forma de

la que se derive una obra diferente». Esto quiere decir
que la transformación permite la creación de una obra
nueva derivada a partir de otra que se transforma. De
manera que coexistirán la obra originaria o transformada
y la obra nueva, y el público podrá identificar en ambas
los elementos comunes. La doctrina explica que para
que pueda hablarse de transformación hace falta tomar
elementos suficientes de la creación primigenia como para
que pueda reconocerse esta dentro del resultado, y realizar
asimismo aportaciones con suficiente originalidad, puesto
que la persona que efectúe la transformación también
será considerada autora y la originalidad es un requisito
indispensable para recibir la protección de la Ley (art.
10, 1 TRLPI). Sobre esa protección, dice el art. 21, 2 del
TRLPI que «los derechos de propiedad intelectual de la
obra resultado de la transformación corresponderán al
autor de esta última, sin perjuicio del derecho del autor de
la obra preexistente de autorizar, durante todo el plazo de
protección de sus derechos sobre ésta, la explotación de
esos resultados en cualquier forma y en especial mediante
su reproducción, distribución, comunicación pública o
nueva transformación» [140].

Como puede verse, a diferencia de lo que pasa con las
facultades de reproducción, distribución y comunicación
pública, que permiten al titular del derecho conexo del
art. 129, 1 del TRLPI explotar la obra por su cuenta, o

---

[140]   Para una mejor comprensión del derecho de transformación
consultar ROGEL VIDE, Carlos, «Comentario a los arts. 11 y 12 de la Ley
de propiedad intelectual», *Comentarios al Código civil y a las Compilaciones
forales*, Vol. 4-A, Edersa, Madrid, 1995, pp. 264 a 283 y MARISCAL
GARRIDO-FALLA, Patricia, «Comentario a los arts. 11 y 12», *Comentarios
a la Ley de propiedad intelectual*, (Coord. R. Bercovitz), Tecnos, Madrid,
2017, pp. 197 a 212. También MARISCAL GARRIDO-FALLA, Patricia,
«Comentario al art. 21» *Comentarios a la Ley de propiedad intelectual*,
(Coord. R. Bercovitz), Tecnos, Madrid, 2017, pp. 445 a 449.

conseguir la explotación cediendo las facultades a un tercero, en el caso de la transformación además puede haber
un autor o autora que tenga interés en utilizar esa obra
que estaba en dominio público para realizar una nueva
creación y explotarla en su caso. Pongamos como ejemplo
que quiere hacer una orquestación de una sonata para un
concierto, una adaptación de una novela para el cine o una
traducción de unas cartas para su publicación en un libro.
Para la doctrina es importante tener en cuenta al creador
que quiere utilizar la obra preexistente en su trabajo intelectual, porque se ve implicado su derecho de autor y si el
titular del derecho conexo no autoriza la transformación
puede verse afectado en su faceta moral. En este sentido
entiende Guillermo Orozco Pardo que hay que ser muy
cautos «por cuanto no cabe admitir que al ser una obra en
dominio público el titular de este derecho trate de impedir
la posibilidad de que se cree una obra derivada decisión,
a nuestro juicio, vinculada al derecho moral del autor» [141].

Se plantea un problema, por tanto, no cuando el titular
del derecho conexo ejerce su facultad de explotación,
autorizando la transformación a quien pretende realizar
una obra derivada, sino cuando la impide. Al respecto,
resulta chocante que alguien que no es el autor de la
obra sino únicamente quien tomó las medidas necesarias
para conseguir su divulgación pueda impedir la creación
de otras nuevas a partir de esa que en origen estaba
en dominio público, o no tanto que pueda prohibir la
realización de las obras derivadas sino su divulgación y
explotación [142]. Ciertamente actuando de esta manera se

---

[141]   Orozco Pardo, Guillermo, *op. cit.*, pp. 557 y 558.

[142]   Como recoge Mariscal Garrido-Falla, Patricia, *op. cit.*,
pp. 456 y 457, gran parte de la doctrina entiende que la autorización para
transformar es en realidad una autorización para explotar la obra derivada.
El acto de transformación quedaría en la esfera privada de cada sujeto, por

impide la divulgación de la obra derivada y por tanto se ve
afectado el derecho moral de su creador (art. 14, 1 TRLPI),
pero también se elimina una vía de difusión de la obra.

En mi opinión que se frene el acceso a la obra que
se incorpora a otras a través de las traducciones, arreglos
musicales, etc., no habiendo justificación, no resulta coherente con la finalidad del art. 129, 1 del TRLPI, que en
última instancia busca poner en circulación las creaciones
intelectuales en dominio público para la ciudadanía. Entiendo, por ello, que el art. 21 del TRLPI requiere una interpretación distinta para los titulares del derecho conexo
de divulgación que la que corresponde para los autores y
autoras. De manera que no se plantearán diferencias frente
a los creadores de las obras cuando los titulares del derecho
conexo autoricen las transformaciones solicitadas, pero sí
en los casos en que se opongan. Así mientras que los autores pueden oponerse a la transformación de su obra con
carácter general [143], puesto que los intereses que se protegen
por el art. 21 del TRLPI son sus intereses particulares, los
titulares del derecho conexo del art. 129, 1 del TRLPI no
podrían prohibir la transformación sin una justificación
dado que iría en contra del interés general de acceso a la
cultura.

En esta misma línea Guillermo Orozco Pardo
en su comentario al antiguo art. 119, 1 de la Ley de
propiedad intelectual decía: «en cuanto al derecho de
transformación cabe afirmar que el editor está legitimado
para ejercitarlo, pero el problema se plantea si su negativa
a la transformación de la obra implica un obstáculo

---

lo que la transformación sin consentimiento no sería ilícita en sí misma;
lo sería su explotación posterior.

[143]   Hay límites como el que permite realizar una parodia (art. 39
del TRLPI) que afectan al derecho de transformación y el autor o autora
no pueden impedir que tenga lugar.

injustificado a la difusión de la misma, v. gr., negar la traducción de una importante obra científica o literaria impidiendo a la comunidad científica de un país el conocimiento de una obra que está en el dominio público. No hemos de olvidar que estamos ante el editor, no el autor, razón por la cual debemos darle un tratamiento similar al que el artículo 40 dispensa a quienes realizan un ejercicio antisocial de su derecho a negar la divulgación de la obra, de tal suerte que si la negativa fuera injustificada o perjudicial para la obra en sí misma, en cuanto implica impedir el acceso a su conocimiento por un sector importante de personas o lesionara el derecho de acceso a los bienes de la cultura sancionado por el artículo 44 de la C.E. deberíamos entenderlo como un ejercicio abusivo del propio derecho y actuar en consecuencia» [144].

En mi opinión, aunque una negativa injustificada a la transformación de la obra pudiera considerarse un ejercicio abusivo del derecho como dice este autor, pienso más bien que es una actuación no permitida porque no encaja en una interpretación del art. 21 conforme a la finalidad del 129, 1 del TRLPI, que busca garantizar el acceso a la cultura por parte de la ciudadanía. Así pues, el ejercicio de la facultad de transformación por parte del titular del derecho conexo del art. 129, 1 del TRLPI no permitiría una negativa sin justificación que impidiera la explotación de la obra derivada, pues se restringe el acceso a la obra a un público determinado.

En definitiva, el titular del derecho conexo podrá hacer un ejercicio en positivo de su facultad de transformación, igual que si fuera un autor o una autora, autorizando la creación de obras derivadas a partir de la que él divulgó. Por ejemplo, puede ceder el derecho de transformación

---

[144]   OROZCO PARDO, Guillermo, *op. cit.*, p. 558.

para una adaptación cinematográfica, para una traducción o para un arreglo musical. Sin embargo, conforme a la interpretación que se ha propuesto, el titular del derecho del art. 129, 1 del TRLPI no podría impedir la transformación por parte de un tercero sin una causa que lo justificara, como puede ser que ese tipo de explotación la fuera a realizar él mismo o que se tratara de una utilización que va a entrar en competencia con otra que viniera realizando.

2. Ejercicio de los derechos de explotación conforme a la finalidad del art. 129, 1 del TRLPI

Como se acaba de poner de manifiesto en relación con la facultad de transformación, su ejercicio por parte del titular del derecho conexo prohibiéndola podría producir un efecto contrario al fin perseguido por el art. 129, 1 del TRLPI. Recuérdese que con este precepto se pretende que las obras inéditas en dominio público salgan a la luz y se pongan al alcance de la ciudadanía de acuerdo con el derecho sancionado por el art. 44 de la Constitución. Pues bien, ya se ha observado que este podría verse perjudicado si en algunos casos se impidiera la transformación y explotación de las obras en dominio público una vez divulgadas, como sucedería si no se permitiera la traducción de los escritos a otros idiomas impidiendo el acceso a determinados lectores. Por ello se ha propuesto una interpretación del art. 21 del TRLPI para los titulares del derecho conexo según la cual estos siempre podrían ejercer la facultad de transformación en sentido positivo, pero no estarían legitimados para prohibir la transformación de forma injustificada.

En mi opinión este criterio debería aplicarse también en relación con el resto de las facultades de explotación, pues un ejercicio por parte del titular del derecho conexo que impida de forma no justificada el acceso a la obra en modalidades que él mismo no realice, ni esté dispuesto a implementar, podría estar restringiendo de alguna manera el acceso a la obra para la ciudadanía en contra del interés general que justifica el precepto. Pensemos por ejemplo en una entidad privada propietaria de una colección de partituras del siglo XVIII que se ha ocupado de la divulgación a través de su publicación en papel. Si esta se negara sistemáticamente a otorgar autorizaciones a orquestas y a otras agrupaciones para dar a conocer estas obras musicales a través de conciertos [145], y lo mismo si permitiera los conciertos, pero no la grabación de las interpretaciones y su posterior distribución, se produciría un efecto contrario al fin de dar acceso a la cultura a la ciudadanía, que justifica el derecho conexo del art. 129, 1 del TRLPI. Podría hablarse de la misma consecuencia si se negara a autorizar la transcripción de las partituras a un lenguaje musical comprensible. Imaginemos que se han editado las partituras originales en notación neumática gregoriana. Gran parte de los intérpretes musicales no podrían estudiar o interpretar esa música, que quedaría reservada únicamente a quienes tuvieran una formación específica. De manera que puede decirse que, en determinados supuestos, con la negativa a la reproducción, distribución o a la comunicación pública puede estar impidiéndose el acceso al conocimiento de las obras por un sector importante de personas [146], en contra del derecho sancionado por el artículo 44 de la Constitución.

---

[145]   Recuérdese que esto es lo que sucedía en el caso «Motezuma», pues la editora de la partitura creyéndose titular del derecho conexo se oponía a las representaciones de la ópera. Ver apartado IV. 4.

[146]   Obsérvese que el público al que va destinada la música en forma de partitura es muy diferente que el que puede disfrutarla cuando se interpreta por orquestas y otras agrupaciones de intérpretes.

En consecuencia, entiendo que para mantener la coherencia con la finalidad que persigue el art. 129, 1 del TRLPI debe interpretarse que el titular del derecho conexo no podrá ejercer sus facultades de explotación en contra de esta, y por lo tanto no quedará amparado cuando se niegue a la reproducción, distribución, comunicación pública o transformación por terceros de forma injustificada, impidiendo con ello así el acceso a la obra a un público determinado. Lo que no significa en ningún caso que no pueda cobrar por ello.

3. Derechos remuneratorios

Los derechos remuneratorios a diferencia de los de explotación no permiten el control de los determinados usos de la obra, si bien estos conllevan una contraprestación económica. Otorgan a su titular la posibilidad de exigir el cobro de una cantidad pecuniaria por una utilización concreta que realizan otros sin que sea necesario su consentimiento. Se caracterizan por ser indisponibles y porque para hacerlos efectivos se precisa la mediación de las entidades de gestión [147].

Como ya se ha puesto de manifiesto, de la interpretación del art. 129, 1 del TRLPI conforme a la Directiva se deduce que corresponden a los titulares del derecho conexo no solo las facultades de explotación sino todas las que tengan carácter patrimonial y por lo tanto también las de remuneración. Por ello nuestra doctrina entiende que corresponden a las personas que divulguen obras en dominio público los derechos de participación (art. 24

---

[147]   De la regulación de las entidades de gestión de los derechos de propiedad intelectual se ocupan los 147 a 192 del TRLPI. Hay que precisar, al respecto, que la gestión a través de estas entidades se configura como obligatoria salvo en el caso del derecho de participación.

TRLPI) y de compensación equitativa por copia privada (art. 25 TRLPI). A la regulación de estas facultades se dedica una sección del TRLPI diferenciada de la relativa a las de explotación, como es lógico porque las primeras no permiten ningún control sobre la utilización que genera la remuneración. Lo cual sucede también en relación con otros usos, como los amparados por ciertos límites [148] que determinan asimismo el nacimiento de derechos de remuneración. Acontece por ejemplo con la copia privada (art. 31, 2 TRLPI), o con la reproducción, distribución y comunicación pública de partes de obras que se expresan mediante el lenguaje escrito en universidades y centros públicos de investigación con fines docentes o de investigación, para los que no hace falta el consentimiento de los autores (art. 32, 4 TRLPI).

En relación con estos derechos remuneratorios vinculados a los límites entiendo que también corresponden a la persona que divulga obras en dominio público, aunque existe una salvedad contemplada para los derechos conexos en el art. 132 del TRLPI. Se trata del supuesto en el que los museos, archivos, bibliotecas y otras entidades realizan préstamos en las condiciones previstas en el art. 37, 2 del TRLPI, en que no procederá, para los divulgadores, la remuneración que en el mismo caso reciben los autores y autoras.

Realizada tal precisión, al trasladar lo que establecen los arts. 24 y 25 del TRLPI, sobre el derecho de participación y el remuneratorio por copia privada de los autores, a las personas que divulgan obras en dominio público,

---

[148]   A diferencia de lo que sucede con el derecho de participación, el derecho de remuneración por copia privada, contemplado en la sección III del capítulo III del título II del Libro I del TRLPI, va vinculado a un límite: el del art. 31, 2 del TRLPI.

procede realizar algunas adaptaciones que permitan su aplicación.

El derecho de participación se reconoce cuando tiene lugar la reventa de los originales de obras plásticas. Consiste en un derecho a cobrar un porcentaje sobre el precio de la obra cuando se enajena después de la primera cesión realizada por el autor o la autora [149]. Sus destinatarios son los creadores de obras originales de artes gráficas o plásticas y se debe satisfacer por el vendedor cuando en la reventa intervengan profesionales del mercado del arte, por lo que queda excluida la enajenación entre particulares. El derecho tampoco nace cuando el precio se sitúa por debajo de 8.000 euros. Para calcular la remuneración se aplica un porcentaje sobre el valor de venta que oscila entre el 4% y el 0, 25 % en función del precio que alcance la obra. Y se hace efectivo a través de las entidades de gestión a las que los profesionales que hayan intervenido en la operación deben informar en un plazo máximo de dos meses [150].

---

[149]   El art. 24 del TRLPI en su apartado primero establece que «Los autores de obras de arte gráficas o plásticas, tales como los cuadros, collages, pinturas, dibujos, grabados, estampas, litografías, esculturas, tapices, cerámicas, objetos de cristal, fotografías y piezas de vídeo arte, tendrán derecho a percibir del vendedor una participación en el precio de toda reventa que de las mismas se realice tras la primera cesión realizada por el autor. Los ejemplares de obras de arte objeto de este derecho que hayan sido realizados por el propio autor o bajo su autoridad se considerarán obras de arte originales. Dichos ejemplares estarán numerados, firmados o debidamente autorizados por el autor».

[150]   Aunque el art. 24 del TRLPI fue derogado y vaciado de contenido por la Ley 3/2008 relativa al derecho de participación en beneficio del autor de una obra de arte original, con la Ley 2/2019 por la que se modifica el TRLPI de nuevo se ocupa del derecho remuneratorio. Para un estudio en profundidad de su alcance y significado VICENTE DOMINGO, Elena, *El droit de suite de los artistas plásticos*, Reus, Madrid, 2007, ORTEGA DOMÉNECH, Jorge, *Obra plástica y derechos de autor*, Reus, Madrid, 2000 y CASAS VALLES, Ramón, «Comentario al art. 24», *Comentarios a la Ley*

Si trasladamos lo dicho para el autor de la obra original (pintura, grabado, escultura…) a la persona que la haya divulgado, surge la pregunta de cuál es el momento en el que tiene lugar la primera venta, pues es a partir de esta cuando las sucesivas transmisiones deben tenerse en cuenta a efectos del nacimiento del derecho de remuneración. Para comprender que la situación es diferente a la que se plantea para los autores y autoras conviene tener presente el modo en el que pueden darse a conocer por primera vez al público las obras plásticas originales. Por la naturaleza de este tipo de creaciones una vía adecuada para ponerlas a disposición del público por primera vez son las exposiciones, como la que tuvo lugar en el Museo de Bellas Artes de Bilbao en el año 2019, cuando se dieron a conocer tres cuadros inéditos que pintó Francisco de Goya para la familia Adán de Yarza [151]. Otro modo de dar a conocer las obras artísticas al público puede ser a través de las fotografías que cabe publicar en catálogos, libros o directamente en internet. A modo de ejemplo cabe citar una publicación de José Manuel Arnaiz en una revista doctrinal en la que este autor divulgó trece cuadros inéditos del siglo XVII español [152]. Especialmente en el segundo caso, cuando las

---

de propiedad intelectual, Tecnos, (Coord. R. Bercovitz), Tecnos, Madrid, 2017, pp. 469 a 512.

[151]   La familia accedió a que el museo de Bellas Artes de Bilbao realizara un proceso de estudio y restauración y a que expusiera los cuadros durante un periodo de tiempo concreto. Al respecto puede verse https://www.revistadearte.com/2019/04/28/los-goyas-de-zubieta-en-el-museo-de-bellas-artes-de-bilbao/.

[152]   ARNÁIZ, José Manuel, *Cuadros inéditos del siglo XVII español,* Anuario del departamento de historia y teoría del arte UAM, Vol III, 1991, da a conocer 13 cuadros, hoy documentados o atribuidos a diversos pintores del siglo XVII español, como Mateo Cerezo, pertenecientes a colecciones privadas y públicas de España y de otros países. Disponible en https://repositorio.uam.es/bitstream/handle/10486/2769/19411_11.pdf?sequence=1.

obras se dan a conocer al público a través de fotografías, tiene sentido la reserva que manifiesta Rodrigo Bercovitz Rodríguez-Cano, para el que «no parece admisible, en principio, que quien haya autorizado, a título gratuito, el acceso al original de la obra plástica de su propiedad, para su reproducción y distribución al editor, tenga que pagar posteriormente por el derecho de participación a quien hizo uso de esa autorización o a sus causahabientes» [153].

La situación que plantea este especialista tendría lugar, por ejemplo, si después de divulgarse las obras plásticas a través de las fotografías realizadas por una persona a la que los propietarios dieron acceso, se vendieran con intervención de profesionales del mercado del arte. En este caso si se interpreta que la primera enajenación tuvo lugar en un momento anterior, por no encontrarse ya las obras en manos del autor, efectivamente esta operación debe considerarse una reventa y correspondería al propietario de la pintura, escultura u otra obra plástica, que la enajena, el pago al «divulgador» de un porcentaje del precio a través de las entidades de gestión. Sin embargo, cabe hacer otra interpretación, pues si se sustituye «el autor» por la expresión «persona que divulga la obra» dentro de la frase «tras la primera cesión realizada por el autor» en el art. 24 del TRLPI, resulta que el divulgador es quien podría realizar la primera venta y únicamente tendría derecho de remuneración a partir de las subsiguientes enajenaciones. Como solo los divulgadores que sean propietarios de las pinturas y otras obras plásticas pueden realizar esa primera venta, también serán los únicos con opción a una remuneración por las sucesivas enajenaciones.

---

[153] Bercovitz Rodríguez-Cano, Rodrigo, *Comentario…*, *op. cit.*, 2017, p. 1777.

Tal como yo lo veo la interpretación que se propone resulta más acorde con la naturaleza de este derecho de remuneración, pues con él se trata de hacer partícipes de la plusvalía por la reventa de las obras plásticas a los autores, para compensarlos por así decir por no haber recibido en su momento un precio acorde con su verdadera valía. Trasladando esto al divulgador de la obra inédita que la dio a conocer a través de fotografías, pero que no es el dueño de la pintura, escultura u otra obra plástica, no tendría sentido que recibiera una compensación por haber dejado de percibir un valor sobre una venta del original del que no era propietario y que por tanto él no realizó. Entendido así el art. 24 del TRLPI, en su aplicación al titular del derecho conexo, se reducen mucho el número de situaciones en que ostentaría el derecho de remuneración por reventa, pues se requiere que sea el propietario de la obra plástica además de que se ocupe de la divulgación. Por ejemplo, no le correspondería este derecho al museo que hubiera tenido la iniciativa de la divulgación, desarrollando un proyecto de estudio y restauración de una obra ajena, que después la diera a conocer al público en una exposición de suficiente duración, si más tarde la obra se vendiera por los propietarios entrando en el mercado del arte.

Por su parte, el apartado 9 del art. 24 del TRLPI en aplicación al divulgador de obras en dominio público plantea otro problema de interpretación. El precepto dice que «el derecho de participación es inalienable, irrenunciable, se transmitirá únicamente por sucesión mortis causa y se extinguirá transcurridos setenta años a contar desde el 1 de enero del año siguiente a aquel en que se produjo la muerte o la declaración de fallecimiento del autor». Para el titular del derecho conexo, entiendo que su vigencia es de 25 años desde la divulgación lícita de la obra en dominio público, computado a partir del 1 de enero del año siguiente al de divulgación, por ser esta la duración del derecho conexo del art. 129, 1 del TRLPI (art. 130, 1 TRLPI). Ahora bien, el problema surge con la transmisión, porque siendo el derecho del art. 129, 1 del TRLPI transmisible enteramente, a diferencia de lo que pasa con el derecho de autor, habría que preguntarse si en caso de una cesión íntegra inter vivos a un tercero esta facultad se incluiría. A mi parecer, cuando el divulgador del art. 129, 1 del TRLPI, al que corresponde la facultad del art. 24 por haber vendido la obra plástica de su propiedad, transmita su derecho conexo total o parcialmente no podrá disponer de ella porque es inalienable. Sin embargo, sí podrá ceder el resto de las facultades de explotación, y las remuneratorias que estén vinculadas a las anteriores (copia privada, p. e.), por el periodo de tiempo que reste de los 25 años. Otra cosa acontece en relación con la sucesión mortis causa, pues si se produce la muerte o declaración de fallecimiento del titular del derecho conexo, tal y como se expresa el art. 24, 9 del TRLPI, la facultad de remuneración podrá transmitirse, se entiende que por el periodo de tiempo que aún no haya transcurrido de los 25 años.

En cuanto al derecho de compensación equitativa por copia privada del art. 25 del TRLPI, no se observan demasiadas dificultades en su aplicación respecto de las reproducciones de las obras en dominio público divulgadas por el titular del derecho conexo del art. 129, 1 del TRLPI. A grandes rasgos, puede decirse que, igual que los autores y autoras, este goza de un derecho remuneratorio que trata de compensar las pérdidas que supuestamente generan las copias permitidas por el límite regulado en el art. 31 del TRLPI. Trasladando lo que dice el art. 25 del TRLPI [154] a las personas que divulguen obras en dominio

---

[154]   GARROTE FERNÁNDEZ-DÍEZ, Ignacio, «Comentario al art. 25», *Comentarios a la Ley de propiedad intelectual*, (Coord. R. Bercovitz), Tecnos, Madrid, 2017, pp. 513 a 549.

público, hay que entender que estas tienen derecho a una compensación por las copias privadas que se realicen de los libros o publicaciones asimiladas y de las que se produzcan de las obras en formato sonoro o audiovisual [155]. De la compensación son acreedores, junto a los titulares del derecho conexo, los editores para las obras textuales y los productores de fonogramas y videogramas, así como los artistas intérpretes o ejecutantes cuyas actuaciones hayan sido fijadas en dichos medios en el caso de reproducciones sonoras o audiovisuales [156]. Las cantidades correspondientes se deben poner a disposición de estos a través de las entidades de gestión, que se encargan de recabarlas de los

---

[155]   El art. 25, 1 dice exactamente: «La reproducción de obras divulgadas en forma de libros o publicaciones que a estos efectos se asimilen mediante real decreto, así como de fonogramas, videogramas o de otros soportes sonoros, visuales o audiovisuales, realizada mediante aparatos o instrumentos técnicos no tipográficos, exclusivamente para uso privado, no profesional ni empresarial, sin fines directa ni indirectamente comerciales, de conformidad con el artículo 31, apartados 2 y 3, originará una compensación equitativa y única para cada una de las tres modalidades de reproducción mencionadas dirigida a compensar adecuadamente el perjuicio causado a los sujetos acreedores como consecuencia de las reproducciones realizadas al amparo del límite legal de copia privada. Dicha compensación se determinará para cada modalidad en función de los equipos, aparatos y soportes materiales idóneos para realizar dicha reproducción, fabricados en territorio español o adquiridos fuera de este para su distribución comercial o utilización dentro de dicho territorio».

[156]   El art. 25, 2 del TRLPI establece: «Serán sujetos acreedores de esta compensación equitativa y única los autores de las obras señaladas en el apartado anterior, explotadas públicamente en alguna de las formas mencionadas en dicho apartado, conjuntamente y, en los casos y modalidades de reproducción en que corresponda, con los editores, los productores de fonogramas y videogramas y los artistas intérpretes o ejecutantes cuyas actuaciones hayan sido fijadas en dichos fonogramas y videogramas. Este derecho será irrenunciable para los autores y los artistas intérpretes o ejecutantes».

fabricantes, distribuidores o importadores de los equipos, aparatos y soportes con los que se realizan las copias [157].

VIII. LÍMITES A LOS DERECHOS DE EXPLOTACIÓN Y EL USO LIBRE DE LA OBRA POR TERCEROS

El TRLPI regula como límites a los derechos de los autores y autoras una serie de situaciones en las que se permite el uso libre de las obras por terceras personas. Son supuestos de reproducción, distribución, comunicación pública e incluso transformación que salen del control de los creadores y que estos no pueden impedir. Con carácter general se orientan a la satisfacción de intereses generales como son el de acceso a la cultura, la libertad de información y otros. Cuando se cumple con los requisitos establecidos cabe la utilización de las obras sin el consentimiento de los autores y autoras, que no siempre reciben una compensación por ello. No obstante, como ya se ha observado, en algunos casos como en el de copia privada o el uso de textos con fines docentes o de investigación en las universidades y otros centros, sí se reconoce una remuneración para los autores, que solo puede hacerse efectiva a través de las entidades de gestión.

Pues bien, como ya se ha mencionado antes, los límites a las facultades de explotación del autor también entran en juego respecto de los titulares del derecho conexo del art. 129, 1 del TRLPI. De manera que las facultades de explotación del divulgador de obras en dominio público se ven sometidas a los límites regulados en los arts. 31 y siguientes del TRLPI, y, del mismo modo que sucede para los autores y autoras, sus facultades de explotación quedan también condicionadas por los límites contemplados en el Decreto-ley 24/2021.

---

[157]   GARROTE FERNÁNDEZ-DÍEZ, Ignacio, *op. cit.*, pp. 513 a 549.

No siendo el objeto de este trabajo profundizar en los límites, ni analizar en cada caso la pertinencia o no de su aplicación, se comentan de forma global mencionando algunos de ellos. Comenzando por el TRLPI se observa que la mayoría de los límites a los derechos de explotación de los autores pueden trasladarse a los divulgadores de obras en dominio público sin demasiados problemas, aunque hay algunos que se refieren a situaciones que son incompatibles con su aplicación. A modo de ejemplo cabe mencionar los límites contemplados en el art. 33, 1 y 2 del TRLPI [158], relativos a trabajos sobre temas de actualidad [159]. El apartado primero del precepto permite reproducir, distribuir y comunicar al público trabajos y artículos difundidos en medios de comunicación social por cualesquiera otros de la misma clase. Tiene como finalidad favorecer la información sobre la actualidad, de manera que en principio la obra que se va a utilizar de este modo no puede ser un

---

[158]   Según el tenor literal del art. 33 del TRLPI: «1. Los trabajos y artículos sobre temas de actualidad difundidos por los medios de comunicación social podrán ser reproducidos, distribuidos y comunicados públicamente por cualesquiera otros de la misma clase, citando la fuente y el autor si el trabajo apareció con firma y siempre que no se hubiese hecho constar en origen la reserva de derechos. Todo ello sin perjuicio del derecho del autor a percibir la remuneración acordada o, en defecto de acuerdo, la que se estime equitativa. Cuando se trate de colaboraciones literarias será necesaria, en todo caso, la oportuna autorización del autor. 2. Igualmente, se podrán reproducir, distribuir y comunicar las conferencias, alocuciones informes ante los Tribunales y otras obras del mismo carácter que se hayan pronunciado en público, siempre que esas utilizaciones se realicen con el exclusivo fin de informar sobre la actualidad. Esta última condición no será de aplicación a los discursos pronunciados en sesiones parlamentarias o de corporaciones públicas. En cualquier caso, queda reservado al autor el derecho a publicar en colección tales obras».

[159]   Para una mejor comprensión de estos límites LÓPEZ MAZA, Sebastián, «Comentario al art. 33», *Comentarios a la Ley de propiedad intelectual*, (Coord. R. Bercovitz), Tecnos, Madrid, 2017. pp. 672 a 688.

trabajo o un artículo que ya hubiera entrado en dominio público. Además, como el objeto al que se refiere son los artículos periodísticos y otras obras difundidas por los medios de comunicación social, los trabajos en cuestión ya se habrán publicado o comunicado y por tanto ya no serán inéditos. Con el mismo fin, informar sobre temas de actualidad, el apartado segundo del art. 33 del TRLPI permite el uso de las conferencias, alocuciones, e informes ante los tribunales y otras obras del mismo carácter que se hayan pronunciado en público. Este límite en mi opinión tampoco puede aplicarse al derecho conexo puesto que el tipo de obras sobre las que recae han de ser contemporáneas.

En cuanto a las excepciones a los derechos de explotación reguladas en el TRLPI cuya aplicación a los titulares del derecho conexo sí resulta pertinente, la contemplada en el art. 31, 2 permite realizar copias privadas. Según este precepto no hace falta autorización para la reproducción de una obra que realiza por sí misma una persona a partir de un ejemplar obtenido de una fuente lícita [160]. La copia debe usarse de forma personal y en ningún momento debe servir a un fin comercial directo o indirecto. La Ley dice además que no será objeto de utilización colectiva ni lucrativa. De manera que el titular del derecho conexo del art. 129, 1 del TRLPI no podrá oponerse, por ejemplo, al escaneado de la novela divulgada por él que hubiera realizado un particular con un equipo propio a partir del ejemplar comprado en una tienda. Pero no será copia privada la reproducción que realice un servicio de fotocopiado porque comporta un beneficio económico para la empresa. Es decir, como las empresas de reprografía tienen ánimo de lucro las copias

---

[160]   GARROTE FERNÁNDEZ-DÍEZ, Ignacio, «Comentario al art. 31», *Comentarios a la Ley de propiedad intelectual*, (Coord. R. Bercovitz), Tecnos, Madrid, 2017. pp. 577 a 601.

que hacen de libros y de otras obras no se consideran copias privadas, y necesitan de autorización [161].

Por otro lado, cabe mencionar los límites a los que se
refiere el art. 32 del TRLPI por la importancia de la finalidad que persiguen. De acuerdo con él está permitido el uso
de la obra en dominio público ya divulgada, si necesidad de
contar con la autorización del titular del derecho conexo
del art. 129, 1 del TRLPI, con fines de cita e ilustración
de la docencia o investigación científica. Explicado por
encima, por una parte, permite incluir en una creación
propia un fragmento de la obra de naturaleza escrita,
sonora o audiovisual, o toda ella si tiene carácter plástico
o fotográfico figurativo, cuando se realice a título de cita
o para su análisis, comentario o juicio crítico [162]. Por otra

---

[161]   Sobre este límite el art. 31 del TRLPI dice: «Sin perjuicio de
la compensación equitativa prevista en el artículo 25, no necesita autorización del autor la reproducción, en cualquier soporte, sin asistencia de
terceros, de obras ya divulgadas, cuando concurran simultáneamente las
siguientes circunstancias, constitutivas del límite legal de copia privada:
a) Que se lleve a cabo por una persona física exclusivamente para su uso
privado, no profesional ni empresarial, y sin fines directa ni indirectamente comerciales. b) Que la reproducción se realice a partir de una fuente
lícita y que no se vulneren las condiciones de acceso a la obra o prestación.
c) Que la copia obtenida no sea objeto de una utilización colectiva ni
lucrativa, ni de distribución mediante precio. 3. Quedan excluidas de lo
dispuesto en el anterior apartado: a) Las reproducciones de obras que se
hayan puesto a disposición del público conforme al artículo 20.2.i), de tal
forma que cualquier persona pueda acceder a ellas desde el lugar y momento que elija, autorizándose, con arreglo a lo convenido por contrato,
y, en su caso, mediante pago de precio, la reproducción de la obra. b) Las
bases de datos electrónicas. c) Los programas de ordenador, en aplicación
de la letra a) del artículo 99».

[162]   Textualmente el primer párrafo del art. 32, 1 del TRLPI establece: «Es lícita la inclusión en una obra propia de fragmentos de otras
ajenas de naturaleza escrita, sonora o audiovisual, así como la de obras
aisladas de carácter plástico o fotográfico figurativo, siempre que se trate
de obras ya divulgadas y su inclusión se realice a título de cita o para su

parte, permite que el profesorado de educación reglada y el personal de las universidades y organismos públicos de investigación puedan utilizar un pequeño fragmento de una obra de cualquier naturaleza, o puedan usarla íntegra si tiene carácter plástico o fotográfico figurativo, para la ilustración de sus actividades educativas o con fines de investigación. Por este uso, lo mismo que por la cita, no corresponde ninguna remuneración al divulgador [163]. En otro caso, siempre que la obra divulgada se exprese mediante lenguaje escrito, el personal de las universidades o centros públicos de investigación puede utilizar fragmentos de cierta extensión, para actos de ilustración de la docencia o de la investigación científica, sin el consentimiento del

---

análisis, comentario o juicio crítico. Tal utilización solo podrá realizarse con fines docentes o de investigación, en la medida justificada por el fin de esa incorporación e indicando la fuente y el nombre del autor de la obra utilizada».

[163] Según el art. 32, 3 del TRLPI «el profesorado de la educación reglada impartida en centros integrados en el sistema educativo español y el personal de Universidades y Organismos Públicos de investigación en sus funciones de investigación científica, no necesitarán autorización del autor o editor para realizar actos de reproducción, distribución y comunicación pública de pequeños fragmentos de obras y de obras aisladas de carácter plástico o fotográfico figurativo, cuando, no concurriendo una finalidad comercial, se cumplan simultáneamente las siguientes condiciones: a) Que tales actos se hagan únicamente para la ilustración de sus actividades educativas, tanto en la enseñanza presencial como en la enseñanza a distancia, o con fines de investigación científica, y en la medida justificada por la finalidad no comercial perseguida. b) Que se trate de obras ya divulgadas. c) Que las obras no tengan la condición de libro de texto, manual universitario o publicación asimilada, salvo que (…). d) Que se incluyan el nombre del autor y la fuente, salvo en los casos en que resulte imposible (…). Los autores y editores no tendrán derecho a remuneración alguna por la realización de estos actos». Por su parte en el apartado 5 el art. 32 señala: «No se entenderán comprendidas (…) las partituras musicales, las obras de un solo uso ni las compilaciones o agrupaciones de fragmentos de obras, o de obras aisladas de carácter plástico o fotográfico figurativo».

titular del derecho conexo. En este supuesto el divulgador, igual que sucede con el autor, tiene derecho a una remuneración que se hace efectiva a través de las entidades de gestión [164].

También, como sucede para los autores y otros titulares de derechos de propiedad intelectual, se puede reproducir la obra divulgada, sin el consentimiento del titular del derecho conexo, con fines de investigación por parte de los museos, bibliotecas, archivos y otros establecimientos semejantes (art. 37, 1 TRLPI) [165]. Lo mismo las institucio-

[164] El art. 32, 4 del TRLPI en sus primeros párrafos dice: «Tampoco necesitarán la autorización del autor o editor los actos de reproducción parcial, de distribución y de comunicación pública de obras o publicaciones, impresas o susceptibles de serlo, cuando concurran simultáneamente las siguientes condiciones: a) Que tales actos se lleven a cabo únicamente para la ilustración con fines educativos y de investigación científica. b) Que los actos se limiten a un capítulo de un libro, artículo de una revista o extensión equivalente respecto de una publicación asimilada, o extensión asimilable al 10 por ciento del total de la obra, resultando indiferente a estos efectos que la copia se lleve a cabo a través de uno o varios actos de reproducción. c) Que los actos se realicen en las universidades o centros públicos de investigación, por su personal y con sus medios e instrumentos propios. d) Que concurra, al menos, una de las siguientes condiciones: 1.º Que la distribución de las copias parciales se efectúe exclusivamente entre los alumnos y personal docente o investigador del mismo centro en el que se efectúa la reproducción. 2.º Que sólo los alumnos y el personal docente o investigador del centro en el que se efectúe la reproducción parcial de la obra puedan tener acceso a la misma a través de los actos de comunicación pública autorizados en el presente apartado, llevándose a cabo la puesta a disposición a través de las redes internas y cerradas a las que únicamente puedan acceder esos beneficiarios o en el marco de un programa de educación a distancia ofertado por dicho centro docente». Por su parte en el apartado 5 el art. 32 señala que «No se entenderán comprendidas (...) las partituras musicales, las obras de un solo uso ni las compilaciones o agrupaciones de fragmentos de obras, o de obras aisladas de carácter plástico o fotográfico figurativo».

[165] Según el art. 37, 1 del TRLPI «los titulares de los derechos de autor no podrán oponerse a las reproducciones de las obras, cuando

nes de patrimonio cultural a las que se refiere el artículo 37, 2 del TRLPI no precisan autorización del divulgador de la obra por los préstamos que realicen de esta [166]. En este caso, a diferencia del autor, el divulgador no tiene derecho a una remuneración (art. 132 TRLPI).

Otros límites son los contemplados en el Decreto-ley 24/2021. Proceden de la Directiva, sobre los derechos de autor y derechos afines en el mercado único digital, de 2019, y se declaran aplicables tanto a los derechos de autor como a los derechos afines o conexos (art. 65). Por lo que también afectan a las facultades de explotación de la persona que divulgue obras en dominio público en la medida de lo pertinente. Sin citar todos los límites, y de forma global, cabe mencionar que la obra en dominio público ya divulgada podrá utilizarse para realizar minería de textos y datos con fines de investigación, de acuerdo con lo establecido para este límite en el art. 67 del Decreto-ley. Lo mismo, siguiendo el art. 68 del Decreto-ley, la obra podrá usarse para la realización de actividades docentes digitales transfronterizas, no siendo precisa la autorización del divulgador para realizar actos de reproducción, distribución y comunicación pública para la ilustración con fines educativos. Tampoco se necesita la autorización del titular del derecho del art. 129, 1 del TRLPI para generar un pastiche, pudiendo tomarse determinados ele-

---

aquéllas se realicen sin finalidad lucrativa por los museos, bibliotecas, fonotecas, filmotecas, hemerotecas o archivos de titularidad pública o integradas en instituciones de carácter cultural o científico y la reproducción se realice exclusivamente para fines de investigación o conservación».

[166]   En su inicio el art. 37, 2 del TRLPI establece que «los museos, archivos, bibliotecas, hemerotecas, fonotecas o filmotecas de titularidad pública o que pertenezcan a entidades de interés general de carácter cultural, científico o educativo sin ánimo de lucro, o a instituciones docentes integradas en el sistema educativo español, no precisarán autorización de los titulares de derechos por los préstamos que realicen».

mentos característicos de la obra divulgada y realizar una combinación con ellos, de forma que el resultado dé la impresión de ser una creación independiente (art. 70 del Decreto-ley). Asimismo, cuando la obra se encuentre entre las colecciones permanentes de un museo u otra institución del patrimonio cultural [167], la entidad podrá realizar reproducciones sin autorización del divulgador mediante las herramientas, medios o tecnologías de conservación adecuados, en cualquier formato o medio, en la cantidad necesaria y en cualquier momento con fines de conservación, en aplicación del art. 69 del Decreto-ley [168].

IX. Derechos morales de autoría e integridad de la obra

Como se viene observando, el art. 129, 1 del TRLPI atribuye a la persona que divulgue lícitamente una obra en dominio público las facultades patrimoniales que corresponden a los autores, pero no reconoce para ellas las facultades morales que estos tienen. Sin embargo, procede tenerlas en consideración en tanto el titular del derecho conexo debe respeto a la autoría e integridad de la obra al ejercer sus facultades patrimoniales, incluido el momento en el que da a conocer la creación con la primera publicación o comunicación pública, como ya se ha visto. Y también conviene estudiarlas desde el punto de vista de las personas a las que corresponde perseguir las infracciones a los derechos de paternidad e integridad. Precisamente,

---

[167]   Tómense como ejemplo los casos en que se dan a conocer las pinturas y dibujos inéditos de las colecciones de instituciones públicas y privadas en publicaciones de historia del arte a través de fotografías.

[168]   Ver Carrancho Herrero, María Teresa, Conservación y difusión del patrimonio cultural, *Información en abierto y propiedad intelectual en la universidad*, (Coord. R. de Román Pérez), Comares, Granada, 2020, pp. 237 a 298.

tratándose del divulgador surge la siguiente cuestión: ¿está legitimado el titular del derecho conexo para perseguir infracciones a la paternidad o a la integridad de la obra cometidas por terceros? ¿Puede actuar contra la persona que se atribuye la autoría de la obra como si fuera de su creación o que comete un atentado a su integridad?. Para abordar estas cuestiones antes se analiza el significado de tales facultades respecto de las obras en dominio público.

Pues bien, el objeto sobre el que recae el derecho conexo contemplado en el art. 129, 1 del TRLPI es una obra en dominio público, que en principio deja de poder utilizarse libremente cuando se divulga, pues la persona que saca la obra a la luz adquiere la exclusiva sobre su explotación en ese momento. No obstante, el divulgador y cualquier otra persona que la utilice [169], por ejemplo al amparo de un límite o como cesionario, debe respetar lo que señala el art. 41 del TRLPI cuando dice que «las obras de dominio público podrán ser utilizadas por cualquiera, siempre que se respete la autoría y la integridad de la obra, en los términos previstos en los apartados 3.º y 4.º del artículo 14».

El precepto remite al artículo del TRLPI que reconoce para el autor o autora como derechos irrenunciables e inalienables el de decidir el momento y la forma de divulgación de la obra, determinar si esta se difundirá con su nombre o de manera anónima, exigir el reconocimiento de su autoría, exigir el respeto a la integridad de la obra e impedir cualquier atentado contra ella, el de modificar su propia creación, retirar la obra del comercio por cambio de convicciones intelectuales o morales y acceder al ejemplar único o raro [170]. De todos ellos, una vez que ha transcurrido

---

[169]   OROZCO PARDO, Guillermo, *op. cit.*, p. 559.
[170]   Exactamente el art. 14 del TRLPI dice: «Corresponden al autor los siguientes derechos irrenunciables e inalienables: 1.º Decidir si su

el tiempo de duración de las facultades de explotación, permanecen vigentes el derecho a exigir el reconocimiento de la autoría y el derecho a exigir el respeto a la integridad de la obra, estando legitimados para su ejercicio sin límite de tiempo las personas que establecen los artículos 15 y 16 del TRLPI. Como ya no vive el autor o autora y ha transcurrido un periodo de tiempo largo desde su fallecimiento (más de 70 años) los intereses protegidos por estos derechos cambian y con ello la forma de interpretar su contenido. En efecto, se trata de proteger ya no los intereses del creador sino la propia obra y el patrimonio cultural de la comunidad, porque, en palabras de Guillermo Orozco Pardo, «en este caso estamos ya ante la aplicación de principios consagrados en la Constitución que tutelan valores supraindividuales: la protección del acervo cultural y el acceso a su conocimiento» [171].

---

obra ha de ser divulgada y en qué forma. 2.º Determinar si tal divulgación ha de hacerse con su nombre, bajo seudónimo o signo, o anónimamente. 3.º Exigir el reconocimiento de su condición de autor de la obra. 4.º Exigir el respeto a la integridad de la obra e impedir cualquier deformación, modificación, alteración o atentado contra ella que suponga perjuicio a sus legítimos intereses o menoscabo a su reputación. 5.º Modificar la obra respetando los derechos adquiridos por terceros y las exigencias de protección de bienes de interés cultural. 6.º Retirar la obra del comercio, por cambio de sus convicciones intelectuales o morales, previa indemnización de daños y perjuicios a los titulares de derechos de explotación. Si, posteriormente, el autor decide reemprender la explotación de su obra deberá ofrecer preferentemente los correspondientes derechos al anterior titular de los mismos y en condiciones razonablemente similares a las originarias. 7.º Acceder al ejemplar único o raro de la obra, cuando se halle en poder de otro, a fin de ejercitar el derecho de divulgación o cualquier otro que le corresponda. Este derecho no permitirá exigir el desplazamiento de la obra y el acceso a la misma se llevará a efecto en el lugar y forma que ocasionen menos incomodidades al poseedor, al que se indemnizará, en su caso, por los daños y perjuicios que se le irroguen».

[171]   Orozco Pardo, Guillermo, *op. cit.*, p. 559.

En particular, el contenido del derecho sobre el reconocimiento de la autoría en lo fundamental no cambia respecto a cuando los autores están vivos. En ese momento, formando parte del «derecho de paternidad», los creadores son quienes deciden el modo de identificarse en la obra o si optan por el anonimato. Facultad, que ya no se puede ejercer cuando fallecen por ser esta personalísima, mientras que se mantiene activa la de exigir el reconocimiento de la autoría sobre la obra. Esto significa que las personas legitimadas pueden actuar contra aquellos que se atribuyen la paternidad que no les corresponde y asimismo exigir que aparezca quien es el autor o autora en los ejemplares de las obras y en todos los actos de difusión de estas.

Otra cosa sucede con la integridad de la obra. Mientras los autores y autoras viven, el reconocimiento de la facultad de exigir respeto a la integridad de la obra, e impedir cualquier alteración que suponga perjuicio a sus legítimos intereses o menoscabo a su reputación (art. 14, 4 TRLPI), determina que cualquier transformación de la obra que se haya realizado sin su consentimiento comporta una infracción de este derecho moral. Por otra parte, cuando se haya autorizado alguna modificación o transformación también se produce un atentado a la integridad si se realiza perjudicando el prestigio del creador o va en contra de la esencia de la obra tal y como este la ha concebido. De manera que los deseos y la voluntad del autor o de la autora son clave. Algo con lo que ya no se puede contar si la obra está en dominio público. En tal caso, desde mi punto de vista un atentado a la integridad de la obra tiene lugar cuando se perjudica o destruye el original, como puede suceder al pintar sobre un cuadro al óleo [172]; y en las situaciones en las que se utiliza la obra para incorporarla en otra creación y no se da la información necesaria al público, creando confusión sobre la autoría de cada parte. Imagínese que se realiza un arreglo musical de una obra antigua y en las grabaciones se indica quién la compuso y quién ha efectuado el arreglo (una orquestación p. e.), pero no se informa de que el arreglista ha añadido un movimiento nuevo para finalizar la sonata. Sin embargo, por virtud de este derecho no se puede impedir, por otro lado, la realización de obras derivadas y otras utilizaciones alegando que el autor o autora en vida no estaría de acuerdo con ellas por sus convicciones intelectuales o por otras razones [173].

En definitiva, una vez que la obra entra en dominio público, con los derechos de paternidad e integridad se trata de garantizar que la ciudadanía pueda disfrutar de las obras correctamente identificadas con su autor o autora, de que cuando se utilicen para la realización de obras derivadas o se integren en otras creaciones quede claro para el público el origen de las distintas aportaciones sin que se produzca confusión respecto de las autorías, y también se trata de preservar las obras únicas evitando su deterioro o desaparición.

Dicho lo cual, las personas que están legitimadas para exigir respeto a la autoría e integridad de la obra cuando los autores ya no viven son las que determinan los arts. 15 y 16 del TRLPI. Como ya se sabe, se trata de las personas naturales o jurídicas a las que el autor se lo haya confiado

---

[172]   Aunque seguramente no hayan llegado a perjudicar los cuadros, los activistas por el clima han lanzado sopa de tomate y otros materiales sobre pinturas de autores como Vincent Van Gogh. Ver en https://www.rtve.es/noticias/20221112/activismo-climatico-museos/2408780.shtml.

[173]   Sobre esto ver la bibliografía citada en la nota n.º 22.

expresamente por disposición de última voluntad. En su defecto son los herederos, y siempre que no existan las personas anteriores, o se ignore su paradero, están legitimados el Estado, las Comunidades autónomas, las Corporaciones locales y las instituciones públicas de carácter cultural. Estas personas podrán actuar contra quien defienda ser el titular del derecho conexo del art. 129, 1 del TRLPI, por haber divulgado la obra en dominio público, si la publicación o comunicación pública se lleva a cabo atentando a la integridad y/o a la autoría de la obra. Imaginemos que esta persona publica un libro eliminando una parte sin informar de ello, o atribuye la autoría de un óleo a un pintor al que no corresponde en contra de todas las evidencias. En casos como estos, en que la puesta a disposición de las obras al público por primera vez se hace sin respetar la autoría o la integridad de la obra, el derecho conexo no nace para el divulgador, porque como ya se sabe el art. 129, 1 del TRLPI exige que la divulgación sea lícita [174].

También las personas a las que corresponda según los arts. 15 y 16 del TRLPI podrán actuar contra el titular del derecho conexo si en la explotación de la obra, que realice personalmente, o a través de terceros, no respeta la autoría e integridad de esta. Situación que no es fácil que tenga lugar después de haberse efectuado la divulgación de forma lícita, porque al acceder el público a la obra conocerá ya esta y quién es su autor o autora. Por eso, no tendrá mucho sentido que el titular del derecho conexo haga una nueva explotación atribuyendo la autoría a otro creador o de forma que cause confusión sobre la obra misma. No obstante, la posibilidad existe. Sin embargo, es más fácil

---

[174]   Bercovitz Rodríguez-Cano, Rodrigo, Comentario…, *op. cit.*, 2017, p. 1776, señala que «la actividad de divulgación debe ser realizada lícitamente. Lo que implica respetar la autoría y la integridad de la obra (….)». Ver además el apartado V.2. de este trabajo.

que el atentado a la autoría o a la integridad de la obra en dominio público ya divulgada proceda de terceras personas. Por ejemplo, un tercero puede atribuirse la autoría de la creación, o el cesionario del derecho de transformación puede difundir la obra derivada (traducción, arreglo musical, etc.) de una forma que cause confusión en el público sobre la entidad de la obra originaria (v. gr. se elimina una parte de la obra en la traducción sin dejar constancia).

A propósito de estas situaciones, Guillermo Orozco Pardo opinaba, en su comentario al art. 119 de la LPI, en relación con la obra inédita en dominio público, que si no consta la existencia de herederos ni de las personas designadas por el autor, «tal vez habría sido oportuno adoptar la misma postura que la ley consagra con respecto a las obras divulgadas bajo seudónimo o las anónimas: conferir el ejercicio de este derecho al editor durante el plazo de tiempo fijado para su derecho exclusivo de explotación. Al fin y al cabo, se le permite tomar la decisión de divulgar la obra y en qué forma se divulga o la de transformarla (…), además, el interés de velar por la obra y su integridad corre paralelo al del editor que ha asumido el riesgo de su publicación» [175].

Estoy de acuerdo con este autor en que resulta conveniente que el titular del derecho conexo del art. 129, 1 del TRLPI pueda actuar contra las personas que no respeten la autoría o la integridad de la obra divulgada por él, puesto que se trata de defender, además de la obra como parte del patrimonio cultural, sus propios intereses. En mi opinión está legitimado del mismo modo que lo está el cesionario en exclusiva por tratarse de una violación que afecta a las facultades que se le han concedido [176]. En

---

[175]   Ver OROZCO PARDO, Guillermo, *op. cit.*, pp. 558 y 559.
[176]   En tal sentido el art. 48 del TRLPI dice que «la cesión en exclusiva (…) le confiere legitimación, con independencia de la del titular

cualquier caso, entiendo que, no es un obstáculo para que
el titular del derecho conexo pueda actuar en defensa de
sus propios intereses, el que existan personas designadas
por los autores para la defensa de los derechos morales, o
sino los herederos o las entidades públicas que señala el
art. 16 del TRLPI.

X. EL EFECTO PARADÓJICO DEL DERECHO CONEXO

1. Paso de las obras al dominio privado

Como ya se sabe, cuando las obras están en dominio
público pueden usarse libremente por cualquiera, pudiendo
ser explotadas de forma comercial o utilizarse con otros
fines, con la sola condición de que se respete la autoría e
integridad. Es decir, las obras están disponibles para la ciudadanía con los beneficios que ello comporta en general [177].
Esta posibilidad de utilización libre existe y se mantiene
siempre que se trate de obras que se hubieran puesto a
disposición del público durante el periodo de vigencia de
los derechos de autor y por lo tanto estuvieran divulgadas;
pero cuando se trata de obras inéditas dejan de estar disponibles en el momento en el que una persona las saca a
la luz, a través de la publicación o comunicación pública,

---

cedente, para perseguir las violaciones que afecten a las facultades que
se le hayan concedido». Puede verse en CAVANILLAS MÚGICA, Santiago,
«Comentario al art. 48», *Comentarios a la Ley de propiedad intelectual*,
(Coord. R. Bercovitz), Tecnos, Madrid, 2017, pp. 928 y 929, que la legitimación para perseguir violaciones que afecten a los derechos concedidos
en exclusiva corresponde al cesionario iure propio y que este «también
podrá actuar contra aquellas conductas que, afectando a la obra, incidan
reflejamente en su derecho de explotación: por ejemplo, el plagio de la
obra».

[177]   Ver el apartado III. 1. de este trabajo sobre del significado del
dominio público.

y ejerce el derecho de monopolio previsto en el art. 129, 1 del TRLPI. Con lo que se produce una paradoja.

En efecto, con la utilización libre de las obras en dominio público se satisface el interés general de acceso a la cultura, lo mismo que sucede con el reconocimiento del derecho conexo a las personas que divulguen obras inéditas, que en principio va en la misma dirección, ya que se trata de hacer accesibles para el público unas obras que de otro modo podrían permanecer ocultas, poco asequibles o incluso desaparecer sin haber salido a la luz. Sin embargo, al reconocerse un derecho de monopolio para la persona que divulga este tipo de creaciones, y quedar en sus manos el poder de autorizar o prohibir cualquier utilización, las obras dejan de estar disponibles libres de restricciones durante un periodo de 25 años. De manera que puede decirse que unas obras que inicialmente estaban en dominio público han pasado al dominio privado de la persona que las ha sacado a la luz. Se produce un efecto paradójico, entonces, porque tratándose de obras en dominio público no pueden utilizarse libremente por la ciudadanía, a pesar de que precisamente «se han rescatado para ella». Algo que se critica por la doctrina.

Eva Langer considera que tiene lugar una «remonopolización»[178], por lo que propone una interpretación restrictiva del derecho conexo[179], aunque antes ya alertaban de ese posible efecto Horst-Peter Götting y Anne

---

[178]   LANGER, Eva, *op. cit.*, pp. 66 y 67.

[179]   A lo largo de su trabajo hace una interpretación muy restrictiva del § 71 UrhG, que en muchos aspectos no resulta fácil compartir. Por ejemplo, en relación con las obras arqueológicas o los manuscritos antiguos interpreta que caen fuera del ámbito de aplicación del precepto porque son tan antiguos que nunca fueron protegidos por derechos de autor (pp. 160 y 161).

Lauber-Rönsberg [180]. Otros como Giovanni D'ammassa y Simonetta Vezzoso, entienden que un incentivo dado a la actividad de (re) descubrimiento, identificación, mejora y difusión de obras parece quizás apropiado, pero que sin embargo se puede discutir si el reconocimiento de las amplias prerrogativas patrimoniales reservadas al autor (aunque reducidas temporalmente) no es en cierto modo excesivo [181].

Con este planteamiento como punto de partida hay que recordar que, frente a la situación actual, en su origen, en nuestro país y en otros de nuestro entorno [182], el derecho estaba más restringido e iba dirigido solo a un tipo de obras. Efectivamente, en relación con las obras, en el momento en el que el derecho conexo de los editores se incorpora a las Leyes de propiedad intelectual este se aplica a las creaciones literarias o musicales, pues aparte de la imprenta prácticamente no había otras técnicas que permitieran la fijación y la multiplicación de las obras fácilmente. No se había desarrollado suficientemente la

---

[180]   GÖTTING, Horst-Peter/ LAUBER-RÖNSBERG, Anne, *op. cit.*, p. 20.

[181]   D'AMMASSA, Giovanni/ VEZZOSO, Simonetta, *Il caso "Motezuma" tra editio princeps e pubblico dominio*, DANTe, 2005, p. 237.

[182]   En Alemania, a pesar de que se trataba ya de la ley de 1965, el § 71 UrhG concedía al titular del derecho conexo tan solo las facultades de reproducción y distribución y la comunicación pública de sus ejemplares; pero no podía impedir la comunicación que se efectuara a partir de copias que hubieran coexistido con la utilizada por él, y su duración era de 10 años. El primer apartado del precepto venía a decir algo así: cualquiera que publique un trabajo que no haya sido publicado dentro del alcance de esta Ley después de que haya expirado el derecho de autor tiene el derecho exclusivo de reproducir y distribuir el trabajo y usar las copias de este para comunicación pública. Lo mismo se aplica a las obras inéditas que nunca hayan sido protegidas en el ámbito de esta ley, pero cuyo autor haya muerto hace más de setenta años. Ver en LANGER, Eva, *op. cit.*, p. 40 y GÖTTING, Horst-Peter/LAUBER-RÖNSBERG, Anne, *op. cit.*, p. 18.

fotografía [183] ni las técnicas de captación y reproducción de sonidos e imágenes, aunque sí existía la posibilidad de realizar grabados o estampas. Se reconocía, por eso, un derecho a los editores para que tuvieran un incentivo y pudieran recuperar la inversión realizada con la publicación de las obras a través de casi la única vía posible de divulgación; que era su actividad empresarial. De manera que se lograba un equilibrio entre el interés particular del titular del derecho (el editor) y los intereses generales, pues aquél podía sacar un provecho económico de la edición de las obras sin competencia, a la vez que se producía el rescate para la ciudadanía de unas creaciones a las que era imposible o muy difícil acceder sin su intervención de acuerdo con el estado de la técnica del momento.

En la actualidad, el derecho conexo recae sobre cualquier tipo de obras que se den a conocer mediante su publicación o comunicación pública, sin que haga falta realizar en muchos casos una gran inversión de tiempo y medios. Por ejemplo, tratándose de obras plásticas, estas pueden divulgarse a través de las fotografías que se pongan a disposición del público en internet. Además, nos encontramos en la era de la digitalización y del acceso abierto. Precisamente en estos momentos se está produciendo una digitalización y puesta a disposición del público, a través de redes telemáticas, del contenido de los archivos, museos, bibliotecas y otras instituciones culturales, cada vez más intensa. Entre sus fondos hay gran cantidad de obras en dominio público y algunas de ellas inéditas, pero la digitalización y en su caso puesta a disposición se lleva a cabo por igual, estén divulgadas o no las creaciones previamente. Hay que reconocer que esta situación no es equivalente a aquella que en su día justificaba el nacimiento de un

---

[183] La historia de la fotografía comienza oficialmente en 1839.

derecho para los editores de obras inéditas en dominio
público. Ni es tampoco semejante a la que tenía lugar
al comienzo de la década de los 90 del siglo XX, que es
cuando se decide que la duración del derecho conexo en
la Unión europea sea de 25 años, a través de la Directiva
93/98/CEE, relativa a la armonización del plazo de protección del derecho de autor y de determinados derechos
afines. En dicho momento no estaba extendido el uso de
internet y lógicamente el acceso a las obras a través de esta
red tampoco.

Por tanto, hay que destacar que en el momento presente el incentivo a quien divulgue la obra en dominio
público, reconociendo un derecho de monopolio durante
25 años en su favor, no se justifica bien cuando la razón
es únicamente compensar a esta persona por la inversión
realizada para lograr su puesta en circulación en el mercado. Y por otra parte hay que poner de manifiesto que
sustraer obras del dominio público durante un periodo
de tiempo largo puede producir efectos indeseables para
la ciudadanía. Obsérvese que muchas de ellas tienen alto
valor cultural o científico en el campo de la música, la
literatura, las artes plásticas, etc., y aunque los límites a
los derechos de explotación permiten algunos usos, por
ejemplo con fines de investigación o educativos, el público,
los creadores y los artistas no pueden disponer de las obras
fuera de las excepciones. En efecto, durante un periodo de
25 años la ciudadanía no tendrá acceso libre de restricciones para disfrutar de las obras ni acceder al conocimiento
que encierran. Los autores y autoras que pretendan realizar
obras derivadas (traducciones, arreglos musicales, etc.)
sólo podrán hacerlo con la autorización del titular del
derecho conexo y a cambio de una contraprestación en
su caso. Igualmente, los artistas intérpretes o ejecutantes
deberán contar con el consentimiento del divulgador de
la obra inédita, que antes estaba en dominio público, para

su representación o ejecución. Se perderían también otros de los efectos positivos que el uso de las obras en dominio público genera en el ámbito económico o en relación con el desarrollo sostenible, que puso de relieve Séverine Dusollier en su informe para la Organización Mundial de la Propiedad Intelectual en 2011 [184].

2. Propuestas para una adaptación del derecho conexo a la era digital

Puesto de manifiesto que el ejercicio del derecho conexo en el momento presente, por parte de las personas que divulguen obras inéditas en dominio público, de alguna manera puede contradecir el sentido y finalidad que en su día justificaba su reconocimiento, se plantea si tiene lógica mantenerlo en la actualidad o en su caso si conviene modificar su contenido o alcance.

Sobre la posibilidad de eliminar el derecho, en 2013 se presentó una iniciativa legislativa en Francia que proponía derogar el tercer párrafo del artículo L. 123-4 del CPI sobre las obras póstumas [185]. Se trataba de una proposición de ley para regular de forma positiva el dominio público y su preservación, que fue presentada el 21 de noviembre de 2013 a la Asamblea nacional [186]. Aunque no prosperó, puso de manifiesto el interés que puede tener regular de forma clara las cuestiones que afectan al uso de las obras en dominio público en cualquier ámbito, pero sobre todo en el digital, en aras de la seguridad jurídica. Entre las

---

[184]   Ver el apartado III. 1. de este trabajo.

[185]   Se trata del párrafo que dice «si la divulgation est effectuée à l'expiration de cette période, il appartient aux propriétaires, par succession ou à d'autres titres, de l'oeuvre, qui effectuent ou font effectuer la publication». Puede consultarse el precepto íntegro en la nota n.º 60.

[186]   Puede consultarse en https://www.assemblee-nationale.fr/14/propositions/pion1573.asp.

reglas que proponía interesa destacar en este momento la que reconocía que una reproducción fiel de obras bidimensionales en dominio público no generaba nuevos derechos de propiedad intelectual (art. 1), la que especificaba que el nacimiento de un derecho para el autor de una obra compuesta a partir de otra en dominio público no afecta a esta última, de manera que sigue pudiéndose utilizar libremente (art. 2); y la que se refería a la obligación de las administraciones públicas, que albergaran obras intelectuales pertenecientes al dominio público, de poner a disposición de los usuarios un directorio de dichas obras (art. 13). De este modo la proposición de ley reflejaba de forma expresa ciertas consecuencias de la aplicación de las normas sobre propiedad intelectual, y otra legislación, al uso de las obras en dominio público, eliminando la posibilidad de interpretaciones tendentes a su apropiación por parte de los usuarios [187], al mismo tiempo que planteaba eliminar el derecho conexo sobre las obras inéditas [188].

En mi opinión, aunque no se haya comprobado que quienes dan a conocer las obras inéditas en dominio público lo hagan motivados por el reconocimiento de un derecho de propiedad intelectual, eliminando este se pierde uno más de los posibles estímulos a la divulgación cuando

[187]   Al respecto resulta interesante el comentario de LANGLAIS, Pierre-Carl, *Le domaine public consacré par la loi*, Sciences Communes Sciences Communes, 2014. En https://scoms.hypotheses.org/308.

[188]   También introduce una sanción para los casos en que se atente a la integridad de las obras en dominio público (art. 7). En el mismo sentido la Ley 17336, de 28 de agosto de 1970, de Propiedad intelectual de Chile sanciona a «todo aquel que de manera consciente reproduzca, distribuya, ponga a disposición o comunique al público una obra perteneciente al dominio público bajo un nombre distinto al de su autor verdadero» y «a todo aquel que de manera fraudulenta reclame derechos económicos por una obra perteneciente al dominio público» (art. 80). Disponible en https://www.bcn.cl/leychile/navegar?idNorma=28933.

las creaciones se encuentran en manos privadas. Obsérvese que, aunque los archivos, museos, bibliotecas y otras instituciones de patrimonio cultural están digitalizando sus fondos, incluidas las obras en dominio público, y que las leyes sobre reutilización de la información del sector público obligan a poner estas a disposición de la ciudadanía [189], hay muchas obras inéditas que pertenecen a particulares o a instituciones privadas. Pensemos en la correspondencia entre familiares, las colecciones de pintura de particulares, los manuscritos de compositores o escritores en manos de los descendientes, en las obras de los archivos de las catedrales o de otras instituciones privadas, etc. Todas ellas creaciones que pueden ser muy valiosas desde el punto de vista científico, artístico y cultural y de gran interés para el público; por lo que reconocer un derecho a las personas que las publiquen o comuniquen públicamente, sacándolas a la luz, puede favorecer que esto suceda, como ya se ha dicho, y sigue teniendo sentido hoy en día.

Además, cabe presumir que las personas a las que corresponden los derechos patrimoniales sean las más interesadas en que se respete la autoría e integridad de estas creaciones del patrimonio cultural. De manera que con mucha probabilidad actuarán contra los terceros que se atribuyan la autoría de las obras divulgadas por ellas, o que atenten a su integridad. Al respecto sabemos por la jurisprudencia que, en los casos sobre los derechos de pa-

---

[189]   Se explica el alcance de la obligación de puesta a disposición de las obras en dominio público por parte de los archivos, museos y bibliotecas en DE ROMÁN PÉREZ, Raquel, Reutilización de los documentos albergados en las bibliotecas universitarias y la excepción por derechos de propiedad intelectual, *Información en abierto y propiedad intelectual en la universidad*, (Coord. R. de Román), Comares, Granada, 2020, pp. 53 a 96.

ternidad e integridad en relación con las obras en dominio
público, las demandas normalmente proceden de los herederos mientras viven. Por el contrario, las administraciones
públicas que están legitimadas para actuar cuando no existen herederos ni personas designadas por disposiciones de
última voluntad no se ocupan de estos atentados.

No obstante, entiendo que el periodo de tiempo durante el cual estas obras quedan sustraídas al dominio
público es muy largo para un momento en el que la tecnología permite una difusión amplia y ágil de todo tipo de
contenidos. Ciertamente, con internet y la tecnología digital se consigue desde el primer momento conocer la existencia de las obras en todo el mundo y acceder a estas en
el mercado, mientras que la ciudadanía debe aguardar 25
años para disponer libremente de ellas. Tal vez este periodo, desde que se divulgan las creaciones hasta que se puede
alcanzar el acceso completo y libre, con fines creativos,
educativos, económicos y otros que ya se han mencionado,
sea excesivo. Por ello me parece adecuado reducir el tiempo de duración del derecho conexo para los divulgadores
de obras en dominio público. Quizá podría volverse a los
diez años desde la divulgación, que era el periodo anterior
a la reforma de nuestra Ley de propiedad intelectual con
motivo de la transposición de la Directiva 93/98/CEE, y
que también se consideraba un plazo suficiente en el § 71
UrhG antes de producirse la armonización del derecho
conexo en la Unión europea. Lógicamente la modificación
de la duración debería tener lugar reformando la Directiva
2006/116/CE del Parlamento europeo y del Consejo, de
12 de diciembre, relativa al plazo de protección del derecho de autor y de determinados derechos afines (Versión
codificada).

En cuanto al objeto sobre el que recae el derecho cabe
preguntase por las obras del patrimonio histórico y en
particular por las creaciones artísticas que forman parte

del patrimonio arqueológico. Estas últimas, conforme a la interpretación que se ha propuesto en este trabajo, en su mayoría quedarían excluidas por aplicación de la LPHE que las declara bienes del dominio público, con el significado que este concepto tiene en el Derecho administrativo. De acuerdo con él estas obras tienen el carácter de bienes demaniales, y por estar destinadas a un uso común general, en mi opinión, deben poder disfrutarse por cualquiera, sin que quepa atribuir el monopolio sobre la explotación inmaterial de estas a persona alguna. Por otra parte, las administraciones a las que deben entregarse todos los hallazgos arqueológicos son las que están encargadas de tutelar el derecho de acceso a la ciudadanía. Ahora bien, este régimen solo afecta al patrimonio arqueológico y no a otras obras del patrimonio histórico que pueden permanecer inéditas. De modo que el art. 129, 1 del TRLPI se aplica a las obras del patrimonio histórico, exceptuando los hallazgos arqueológicos, por lo que el derecho conexo que contempla nacerá con su divulgación. Dicho lo cual cabe preguntarse si en aras del interés general conviene o no excluir todas las obras del patrimonio histórico del ámbito objetivo del precepto.

A propósito de las pinturas rupestres de la Cueva de Chauvet y la figura de bronce conocida como «El disco celeste de Nebra», las palabras de Ramón Casas Vallés [190] y Luis Anguita Villanueva [191] dejan entrever que reconocer un derecho de propiedad intelectual para obras de este tipo

---

[190]   CASAS VALLÉS, Ramón, *La propiedad intelectual en los museos*, Museos.es: Revista de la Subdirección General de Museos Estatales, N.º 4, 2008, p. 94.
[191]   ANGUITA VILLANUEVA, Luis, *La extraña pareja: La difícil relación jurídica entre la normativa de propiedad intelectual y la de patrimonio cultural en los museos*, Museos y propiedad intelectual, (Coord. C. Iglesias Rebollo), Reus, Madrid, 2012, p. 125.

resulta poco apropiado, aunque sobre los casos concretos entiendan que las obras ya se habían comunicado al público, por lo que no podían considerarse inéditas [192]. También en relación con las obras arqueológicas Eva Langer, en cuyo país se reconoció la titularidad del derecho conexo a un Estado, hace una interpretación del § 71 UrhG según la cual quedan fuera del mismo este tipo de creaciones. Según dice la protección del disco celeste de Nebra reconocida al Estado de Magdeburg ha llevado a la monopolización del hallazgo arqueológico más importante de las últimas décadas a favor de un Estado federal, generando una gran incomprensión. Por esta razón propone interpretar el precepto de la ley alemana de modo que se ajuste a la literalidad del art. 4 de la Directiva sobre el plazo de protección de los derechos. Como este precepto se refiere a toda persona que publique o comunique por primera vez una obra «después de haber expirado la protección de los derechos de autor», entiende que quedan fuera todas las obras anteriores a la existencia de las leyes que reconocen estos derechos, dado que nunca estuvieron protegidas. De esta forma los hallazgos arqueológicos no estarían cubiertos por la protección del § 71 UrhG [193]. Interpretación que de seguirse supondría la eliminación del ámbito objetivo de aplicación del precepto de todas las obras del patrimonio

---

[192]   En relación con los casos de la Cueva de Chauvet y el Disco celeste de Nebra, después de señalar que la Ley de Propiedad intelectual permite en ocasiones una segunda vida en el terreno de los derechos afines a las obras caídas en el dominio público, Ramón CASAS VALLÉS habla de diablos e infiernos y Luis ANGUITA VILLANUEVA manifiesta su deseo de «que este exceso de celo intelectual no vaya a pesar, en su día, sobre los jueces españoles ya que, a mí, me parece más una interpretación exagerada de la norma que parece redefinir el concepto de inédito en las referidas legislaciones». Ver las dos notas precedentes.

[193]   LANGER, Eva, op. cit., p. 160.

histórico anteriores a la existencia de leyes sobre propiedad intelectual.

A mi parecer se trata de una interpretación que no es fácil de justificar desde el punto de vista de los fines de la norma, porque no resulta favorable para la defensa del interés general de acceso a la cultura, sobre el que se apoya el derecho conexo. En efecto, si la justificación de la norma es favorecer el acceso de la ciudadanía a las obras a través de un incentivo para quienes las divulguen, no se entiende bien que se dejen fuera todas aquellas obras del patrimonio histórico y cultural que fueran anteriores a la existencia de normas sobre derechos de autor. Ya se ha apuntado antes que este incentivo tiene interés especialmente cuando las obras se encuentren en manos de particulares o entidades privadas. Por otra parte, aunque es cierto que el art. 4 de la Directiva habla de publicar o comunicar obras «después de haber expirado la protección de los derechos de autor» y no utiliza la terminología de «dominio público», es lógico porque es la fórmula que se emplea en las Directivas sobre propiedad intelectual para referirse a este concepto sin que se infiera de ellas que quedan fuera del mismo las obras más antiguas [194]. Lo mismo sucede en las Leyes alemana o francesa sobre derechos de autor pues en ellas tampoco aparece la expresión de «dominio público». Sin embargo, el § 71 UrhG desde el principio incluyó expresamente las obras anteriores a la existencia de normativa sobre derechos de autor y también la doctrina y jurisprudencia francesas dan por supuesto que estas creaciones forman parte del dominio público.

---

[194]   Puede verse en este sentido el art. 14 de la Directiva de 2019 sobre derechos de autor en el mercado único digital, transcrito en el apartado V. 3. de este trabajo. El precepto se refiere a las obras una vez han expirado los derechos, considerando sin duda también las anteriores a la existencia de Leyes de propiedad intelectual.

Pues bien, manteniendo que las obras anteriores a la existencia de legislación sobre derechos de autor forman parte de aquellas a las que se aplica el art. 129, 1 del TRLPI, hay que considerar también incluidas las creaciones antiguas que pertenezcan al patrimonio histórico, dejando a salvo los hallazgos arqueológicos como ya se ha visto. Ahora bien, en mi opinión convendría reformar el precepto para que figurara de forma expresa que no se aplica a las obras de naturaleza arqueológica ya sean hallazgos muebles o vayan unidas a inmuebles. Me parece oportuno para este tipo de obras porque si bien en la LPHE se declaran bienes de dominio público los hallazgos arqueológicos, y por tanto de carácter demanial[195], no sucede lo mismo para las cuevas y otros inmuebles en los que pueden encontrarse pinturas y otro tipo de obras unidas a la estructura. Por lo que salvo en algunos casos parece que las obras de naturaleza arqueológica insertas en los inmuebles no tendrían la consideración de bienes de dominio público. Sin embargo, a efectos de su inclusión o no en el ámbito objetivo del art. 129, 1 del TRLPI no tiene sentido diferenciar los hallazgos muebles de las pinturas rupestres, relieves u otras obras unidas a los inmuebles. En ambos casos tales creaciones deberían poder reproducirse, distribuirse, comunicarse al público y en general explotarse libremente por cualquiera como bienes inmateriales.

Dicho lo cual, conviene volver sobre la interpretación ya comentada de Eva Langer que excluye del ámbito objetivo del derecho conexo toda creación anterior a la existencia de leyes sobre derechos de autor, porque, aún inclinándome por entender lo contrario, reconozco que

---

[195]   Véase un ejemplo de un hallazgo reciente (la mano de Irulegui) en https://www.navarra.es/es/-/nota-prensa/hallada-en-el-monte-irulegi-una-mano-de-bronce-del-siglo-i-a-c-con-la-inscripcion-en-lengua-vasconica-mas-antigua-que-se-conoce-hasta-la-fecha.

su postura también esta fundamentada. A saber: como ya se ha visto el legislador comunitario siguió el modelo del § 71 UrhG para el art. 4 de la Directiva y el precepto alemán se refería por separado tanto a las obras cuando ya no estuvieran vigentes los derechos de propiedad intelectual como a las anteriores a la legislación que reconoce derechos para los autores. Como el art. 4 de la Directiva solo contiene la referencia a las obras después de haber expirado la protección de los derechos de autor, permite interpretar que tal vez el legislador comunitario pretendía dejar fuera las creaciones anteriores a las leyes sobre propiedad intelectual.

Dicho esto, si se aceptara como la mejor postura la propuesta de Eva Langer, en nuestro caso procedería reformar el art. 129, 1 del TRLPI para dejar claro que cuando este se refiere a las obras en dominio público no abarca a todas ellas, sino tan solo a las que estuvieron sometidas a las leyes de propiedad intelectual. De manera que no haría falta ninguna mención a las obras pertenecientes al patrimonio arqueológico, ya que por su antigüedad quedarían fuera del ámbito objetivo del precepto, lo mismo que otras muchas del patrimonio histórico.

BIBLIOGRAFÍA

ALADDA, *Fotografías de obras plásticas en el dominio público. Sentencia del TS alemán de 10/12/2018 (Caso Museumsfotos o caso REM), 2019*. Disponible en https://aladda.es/fotografias-de-obras-plasticas-en-el-dominio-publico-sentencia-del-ts-aleman-de-20-12-2018-caso-museumsfotos-o-caso-rem/

ANGUITA VILLANUEVA, Luis Antonio, La extraña pareja: La difícil relación jurídica entre la normativa de propiedad intelectual y la de patrimonio cultural en los museos, *Museos y propiedad intelectual*, (Coord. C. Iglesias Rebollo), Reus, Madrid, 2012.

— Reflexiones sobre la Ley 16/1985, de 25 de junio, del Patrimonio Histórico Español, *Tutela jurídica del Patrimonio Cultural*, (Coord. M. J. Roca Fernández y M. O. Godoy), Tirant lo Blanch, Valencia, 2021.

— El tráfico de Bienes culturales sometidos a la normativa de propiedad intelectual: el arte contemporáneo y el patrimonio cultural. Un análisis de las controversias y de las posibles soluciones entre los titulares de derechos sobre los mismos. *Arte, Derecho y Comercio internacional*, (Dir. A. Ortega Giménez), Aranzadi, Pamplona, 2022.

ARNÁIZ, José Manuel, *Cuadros inéditos del siglo XVII español*, Anuario del departamento de historia y teoría del arte UAM, Vol III, 1991.

ASCANI, Flavia, *La pubblicazione dell'opera postuma inedita e i diritti degli eredi*, Trib. Ferrara 5 giugno 2000, Il Diritto di Autore, 2001.

BARCELONA LLOP, Javier, *El dominio público arqueológico*,

Revista de Administración Pública, núm. 151, 2000.

BERCOVITZ RODRÍGUEZ-CANO, Rodrigo, «Comentario al art. 129», *Comentarios a la Ley de propiedad intelectual*, (Coord. R. Bercovitz), Tecnos, Madrid, 2007.

— «Comentario al art. 129», *Comentarios a la Ley de propiedad intelectual*, (Coord. R. Bercovitz), Tecnos, Madrid, 2017.

BERNAULT, Carine, *Open access et droit d'auteur*, Larcier, Bruselas, 2016.

BERTANI, Michele, *La prima pubblicazione delle opere di «dominio pubblico»*, AIDA, 1999.

CABANILLAS SÁNCHEZ, Antonio, «Comentario al título I del Libro II», *Comentarios a la Ley de propiedad intelectual*, (Coord. R. Bercovitz), Tecnos, Madrid 1997.

CARON, Cristophe, *Qui doit prouver l'abus*, Communication commerce électronique, n.º 9, Septiembre 2011.

CARRANCHO HERRERO, María Teresa, Conservación y difusión del patrimonio cultural, *Información en abierto y propiedad intelectual en la universidad* (Coord. R. de Román Pérez), Comares, Granada, 2020.

CASAS VALLES, Ramón, «Comentario al art. 24», *Comentarios a la Ley de propiedad*

intelectual, (Coord. R. Bercovitz), Tecnos, Madrid, 2017.

— *La propiedad intelectual en los museos*, Museos.es: Revista de la Subdirección General de Museos Estatales, N.º 4, 2008.

CAVANILLAS MÚGICA, Santiago, «Comentario al art. 48», *Comentarios a la Ley de propiedad intelectual*, (Coord. Rodrigo Bercovitz), Tecnos, Madrid, 2017.

COCA PAYERAS, Miguel y MUNAR BERNAT, Pedro A., «Comentarios al art. 119», *Comentarios a la Ley de propiedad intelectual*, (Coord. R. Bercovitz), Tecnos, Madrid, 1989.

D'AMMASSA, Giovani, *Opere pubblicate per la prima volta successivamente alla estinzione dei diritti (art. 85-ter)*, Diritto d'autore, 2014. Disponible en https://www.dirittodautore.it/la-guida-al-diritto-dautore/i-diritti-connessi/opere-pubblicate-per-la-prima-volta-successivamente-alla-estinzione-dei-diritti/.

D'ORMESSON-KERSAINT, Blanche, *La protection des oeuvres du domaine public*, RIDA, n.º 116, 1983.

D'AMMASSA, Giovanni/ VEZZOSO, Simonetta, *Il caso «Motezuma» tra editio princeps e pubblico dominio*, DANTe, 2005.

De Román Pérez, Raquel, *Comparación entre el sistema del dominio público y el modelo del Proyecto de Disposiciones para la Protección de las Expresiones Culturales Tradicionales/ Expresiones del Folclore de la OMPI*, RIDA, n.º 212, 2007.

De román Pérez, Raquel, *El folclore como objeto de propiedad intelectual: derechos de los autores y derechos conexos*, Actas de derecho industrial y derecho de autor, n.º 32, 2011-2012.

— Propiedad intelectual y acceso abierto a artículos científicos, *Propiedad intelectual en el siglo XXI: nuevos continentes y su incidencia en el derecho de autor*, (Coord. I. Espín Alba), Reus, Madrid, 2014.

— Reutilización de los documentos albergados en las bibliotecas universitarias y la excepción por derechos de propiedad intelectual, *Información en abierto y propiedad intelectual en la universidad*, (Coord. R. de Román), Comares, Granada, 2020.

Dusollier, Severine, «Estudio exploratorio sobre el derecho de autor y los derechos conexos y el dominio público» (CDPI/7/INF/2), OMPI, 2011.

Espín Alba, Isabel, La integración, en las obras de arquitectura, de otras obras —pictóricas, escultóricas— del espíritu: derechos de los autores de unas y otras obras, *Obras arquitectónicas y Propiedad Intelectual*, (Coord. C. Rogel Vide), Reus, Madrid, 2023.

Fournol, Alexis, *La publication d'inédits particulièrement anciens*, 2020. Disponible en https://www.fournol-avocat.fr/actualite/2020/4/18/la-publication-dindits-particulirement-anciens/.

Fromm, Friedrich Karl/Nordemann, Wilhelm, *Urheberrecht, Kommentar zum Urheberrechtsgesetz und zum Urheberrechtswahrnehmungsgesetz*, Auflage, Stuttgart, 2008.

Garrote Fernández-Díez, Ignacio, «Comentario al art. 25», *Comentarios a la Ley de propiedad intelectual*, (Coord. R. Bercovitz), Tecnos, Madrid, 2017.

— «Comentario al art. 31», *Comentarios a la Ley de propiedad intelectual*, (Coord. R. Bercovitz), Tecnos, Madrid, 2017.

Gautier, Pierre-Yves, *Propriété littéraire et artistique*, PUF, París, 1999.

Gautier, Pierre-Yves y Blanc, Nathalie, *Droit de la Propriété littéraire et artistique*, LGDJ, París, 2023.

González López, Marisela, *El derecho moral del autor en la Ley española de propiedad inte-*

lectual, Marcial Pons, Madrid, 1993.

GÖTTING, Horst-Peter/ LAUBER-RÖNSBERG, Anne, *Der Schutz nachgelassener Werke. Unter besonderer Berücksichtigung der Verwertung von Handschriften durch Bibliotheken*, Nomos, Baden-Baden, 2006.

GRAF, Klaus, *Rechtsprobleme um die Editio princeps (§ 71 UrhG)*. Disponible en Rechtsprobleme um die Editio princeps (§ 71 UrhG) – Archivalia (hypotheses.org)/.

GUILLEM CARRAU, Javier, Obras inéditas en dominio público y obras no protegidas, *Comentarios a la Ley de propiedad intelectual*, Tirant lo Blanch, Valencia, 2017.

HIMELFARB, David León, *Una expo revela los dibujos que hacían los menores de BCN durante la Guerra Civil*. Disponible en https://barcelonasecreta.com/exposicion-arxiu-en-guerra-dibujos-ineditos-menores-guerra-civil/.

HOVASSE-BANGET, Suzanne, *La titularité des droits de publication posthume relatifs aux oeuvres inédites de Jules Verne [À propos de l'arrêt de la première Chambre civile de la Cour de cassation du 9 novembre 1993]*, Revue juridique de l'Ouest, 1994. Disponible en https://www.persee.fr/doc/juro_0990-1027_1994_num_7_3_2158/.

LANGER, Eva, *Der Schutz nachgelassener Werke. Eine richtlinienkonforme und rechtsvergleichende Auslegung von § 71 UrhG*, V&R unipress, Göttingen, 2012.

LANGLAIS, Pierre-Carl, *Le domaine public consacré par la loi*, Sciences Communes Sciences Communes, 2014. Disponible en https://scoms.hypotheses.org/308/.

LEFEBVRE, Louis, *René Char et le droit de divulgation post-mortem*, Revue générale du droit (www.revuegeneraledudroit.eu), 2014, n.º 2.f.

LEÑERO BOHÓRQUEZ, Rosario, *La tutela jurídico-administrativa de la funcionalidad del patrimonio arqueológico: dominio público y control administrativo de las actividades arqueológicas*, Tesis doctoral, 2011.

LÓPEZ MAZA, Sebastián, «Comentario al art. 32», *Comentarios a la Ley de propiedad intelectual*, (Coord. Rodrigo Bercovitz), Tecnos, Madrid, 2017. pp. 672 a 688.

LUCAS, André et LUCAS, J. H., *Traité de la propriété littéraire et artistique*, Litec, Paris, 1995.

— *Traité de la propriété littéraire et artistique*, Litec, Paris, 2006.

LUCAS, André, LUCAS-SCHLOE-
TTER, Agnes. et BERNAULT,
Carine, *Traité de la propriété
littéraire et artistique*, LE-
XIS-NEXIS, París, 2017.

MARISCAL GARRIDO-FALLA,
Patricia, «Comentario al art.
21», *Comentarios a la Ley de
propiedad intelectual*, (Coord.
R. Bercovitz), Tecnos, Madrid, 2017.

MARTÍNEZ ESPÍN, Pascual, «Comentario al art. 14», *Comentarios a la Ley de propiedad
intelectual*, (Coord. Rodrigo
Bercovitz), Tecnos, Madrid,
2007.

NAVARRO, Fran, *Esto es lo que
dibujaban los niños españoles
durante la guerra civil*, Revista Muy interesante, 20 de
octubre de 2023. Disponible
en https://www.muyinteres-
ante.es/historia/61803.ht-
ml?utm_source=pocket-new-
tab-es-es/.

NAVAS NAVARRO, Susana, *Obras
de dominio público, digitalización y preservación digital*,
Reus, Madrid, 2021.

OROZCO PARDO, Guillermo,
«Comentario al artículo 119»,
*Comentarios al Código civil y
Compilaciones forales*, (Dir. M.
Albaladejo y S. Díaz Alabart),
tomo V, Vol. 4 B, Edersa,
Madrid, 1995.

ORTEGA DOMÉNECH, Jorge,
*Obra plástica y derechos de au-
tor*, REUS, Madrid, 2000.

PARADA, Ramón y LORA-TA-
MAYO, Marta, *Derecho Admi-
nistrativo III, Bienes públicos.
Derecho urbanístico*, Dykinson,
Madrid, 2019.

PETRI, Grischka, *The Public
Domain vs. the Museum: The
Limits of Copyright and Reproductions of Two-dimensional Works of Art*, Journal of
Conservation and Museum
Studies, 12(1): 8, 2014. Disponible en http://eprints.gla.
ac.uk/96570/1/96570.pdf/

RIVERO HERNÁNDEZ, Francisco,
«Comentario al art. 4», *Comentarios a la Ley de propiedad
intelectual*, (Coord. R. Bercovitz), Tecnos, Madrid, 1989.

— «Comentario a la sección 2.ª
del título II del libro I», *Comentarios a la Ley de propiedad
intelectual*, (Coord. R. Bercovitz), Tecnos, Madrid, 2007.

RODRÍGUEZ TAPIA, José Miguel,
«Comentario al artículo 18»,
*Comentarios a la Ley de Pro-
piedad intelectual*, (Coord. J.
M. Rodríguez Tapia), Civitas,
Pamplona, 2009.

ROGEL VIDE, Carlos, «Comentario a los arts. 11 y 12 de la
Ley de propiedad intelec-
tual», *Comentarios al Código
civil y a las Compilaciones forales*, (Dir. M. Albaladejo y
S. Díaz Alabart), Vol. 4-A,
Edersa, Madrid, 1995.

ROSATI, Eleonora, *Digitized images of works in the public do-

main: *what rights vest in them? Analysis of the recent BGH Reiss-Engelhorn judgment - Part 1* (2019). Disponible en https://ipkitten.blogspot.com/2019/02/digitized-images-of-works-in-public.html.

SAN ROMÁN, Pablo, *Archivos Británicos muestran miles de cartas entre España y América de barcos apresados en el siglo XVIII*, 2023. Disponible en https://www.barrons.com/news/spanish/archivos-britanicos-muestran-miles-de-cartas-entre-espana-y-america-de-barcos-apresados-en-el-xviii-05f75e73/.

SÁNCHEZ ARISTI, Rafael, «Comentario al art. 17», *Comentarios a la Ley de propiedad intelectual*, (Coord. R. Bercovitz), Tecnos, Madrid, 2017.

— «Comentario al art. 19», *Comentarios a la Ley de propiedad intelectual*, Tecnos, (Coord. R. Bercovitz), Tecnos, Madrid, 2017.

SCHROEDER, Jean-Baptiste, *La Cour de Cassation refuse de reconnaître aux inventeurs la qualité de premiers publicateurs des peintures rupestres de la Grotte Chauvet*. 2017. Disponible en https://www.village-justice.com/articles/cour-cassation-refuse-reconnaitre-aux-Inventeurs-qualite-premiers-publicateurs,24160.html/.

SERRANO GÓMEZ, Eduardo, Derecho de autor, derecho de propiedad y patrimonio artístico de la Iglesia católica, *Patrimonio histórico-artístico de la Iglesia Católica: Régimen jurídico de su gestión y tutela*, (Coord. M. J. Roca Fernández y M. O. Godoy), Tirant lo Blanch, Valencia, 2018.

VARET, Vincent, *La protection des oeuvres posthumes*. Tesis doctoral. 1996.

VENTURA VENTURA, José Manuel, «Comentario al artículo 4», *Comentarios a la Ley de Propiedad intelectual*, (Coord. J. M. Rodríguez Tapia), Civitas, Pamplona, 2009.

— «Comentario al artículo 41», *Comentarios a la Ley de Propiedad intelectual*, (Coord. J. M. Rodríguez Tapia), Civitas, Pamplona, 2009.

VICENTE DOMINGO, Elena, *El droit de suite de los artistas plásticos*, Reus, Madrid, 2007.

VON LEWINSKY, Silke, *Crónica de Alemania. La evolución del derecho de autor en Alemania desde mediados de 2005 hasta finales de 2010*, (segunda parte), RIDA n.º 229, 2011.

ZENO-ZENCOVICH, Vincenzo, *La protezione dell'editio princeps*, AIDA, n.º 5, 1998.